Trading für Anfänger

Einführung und Schritt-für-Schritt-Anleitung für den Einstieg und den langfristigen Vermögensaufbau an der Börse

Peter Leese

Inhaltsverzeichnis

Was ist Trading..1

Alles rund um die Börse 8

Aktien, Wertpapiere und Forex 11

Der Kurs...22

Die Chartanalyse...28

Wichtige Regeln im Trading..37

Der Lernprozess..41

Das langfristige Trading..46

Das mittelfristige Trading..49

Daytrading..51

Daytrading Set-ups..55

So geht es..68

Was ist Trading

Trading ist Vieles und es ist auch Vieles nicht. Bevor man damit loslegen kann, sich Trader zu nennen oder damit Geld zu verdienen, gilt es als Erstes zu klären, was Trading eigentlich ist und was es nicht ist.

Fangen wir damit an, was Trading nicht ist. Es ist nicht der Sprung von null zu einer Million Euro in wenigen Tagen. Für Viele ist es nicht einmal der Sprung aus dem Job nach 10 Jahren. Das liegt daran, weil viele Menschen erheblich übertriebene Erwartungen an das Trading haben.

Was aber ist Trading? Bevor wir uns dem Begriff direkt widmen, sprechen wir erst einmal von dem Traum. Trading ist ein Traum von Geld. Wer es aber auf schnelles Geld abgesehen hat, wird damit Schiffbruch erleiden. Trading ist ein solides Geschäft, das sehr wohl das Potenzial zu einem großen Einkommen hat. So, wie jedes Geschäft, so muss man aber auch dieses erlernen. Das schließt das theoretische Wissen und die Erfahrung ein.

Das theoretische Wissen, so, wie es in diesem Buch vermittelt wird, bildet dabei nur die Grundlage, aber nicht das Rezept für den Erfolg. Es ist eine Grundlage, denn ohne dieses Wissen kann man den Erfolg nicht haben. Es ist kein Rezept, denn es braucht noch die Erfahrung.

Hat man das Wissen aus diesem Buch aufgenommen, dann beginnt ein Lernprozess. Dieser Lernprozess und die Erfahrung, die damit kommt, erlaubt es schließlich, erfolgreich zu sein. Kurz, es gibt keinen kurzfristigen Start in den Reichtum. Trading ist eine Form von Selbstständigkeit und wie jede andere Form auch, so braucht es Zeit, sie zu entwickeln. Es braucht Zeit, jeden Tag, um das Handwerk zu erlernen und auszuführen und Zeit über die Jahre, um zu einem Meister zu werden. Dann und nur dann, kann man damit Erfolg haben, und als richtiger Meister eventuell sogar reich werden. Wer diese Tatsache akzeptiert, der kann wirklich eines Tages ein Trader sein.

Jetzt ist aber noch immer nicht geklärt, was der Begriff Trading eigentlich bedeutet. Trading kommt aus dem Englischen und bedeutet Handel. Warum also sagt man nicht gleich Handel? Dafür gibt es zwei Gründe.

Erstens wurde der Aktienhandel früher als Handel bezeichnet. Diejenigen, die diesen Handel ausübten, waren die Händler. Das änderte sich aber mit der Zeit, um eine Abgrenzung vom Handel mit anderen Produkten oder Dienstleistungen zu schaffen. Kurz, Handel ist alles und Trading ist der Handel mit Aktien.

Zweitens bezeichnen Trading und Trader nicht einfach nur den Handel beziehungsweise den Händler. Jeder Mensch, der eine Aktie kauft, handelt, zumindest einmal. Damit ist diese Person aber noch kein Trader. Trading und Trader werden als Bezeichnungen nur verwendet, wenn es um die wiederholte Ausübung dieser Tätigkeit geht. Es muss also ein professioneller Hintergrund bestehen und eine Menge Erfahrung gesammelt worden sein. Dann ist der Händler ein Trader und seine Tätigkeit ist nicht Handel, sondern Trading.

Trading bezeichnet also den Handel mit Aktien. Das ist aber ein wenig eng ausgedrückt. Oftmals hört man, das Trading der Handel mit Aktien und Wertpapieren ist. Das wiederum ist immer noch eng und gleichzeitig redundant. Trading bezeichnet den Handel mit Wertpapieren, Derivaten und Währungen. Das wäre die richtige Umschreibung. Aktien sind nämlich Wertpapiere, Derivate bauen auf andere Wertpapiere auf und Währungen werden ebenfalls gehandelt. Dazu aber später mehr.

Das Trading lässt sich in drei Bereiche unterteilen. Diese sind das langfristige, mittelfristige und kurzfristige Trading. Die Bezeichnung der Bereiche deutet es schon an. Der Unterschied ist, wie lange man die Aktien hält. Dahinter verbirgt sich aber mehr. Je kürzer das Trading ausfällt, desto höher steigt der Gewinn und desto höher ist das Risiko. Gleichzeitig braucht man mehr Erfahrung und mehr Können.

Hier offenbart sich bereits eine allgemeine Weisheit aus dem Trading. Gewinn und Risiko sind unmittelbar miteinander verknüpft. Ist das eine hoch, dann ist es auch das andere. Man muss sich also für sich selbst entscheiden, was man will. Ist man bereit, für ein hohes Risiko einen hohen Gewinn zu erwirtschaften, dabei aber auch womöglich alles zu verlieren? Will man lieber sichergehen und auf weniger Risiko setzen und dafür seine Gewinnmarge einschränken?

Die Verknüpfung von Risiko und Profit ist jedoch eine Daumenregel. Man kann durchaus in Einzelfällen die Gewinnaussichten maximieren, während man das Risiko minimiert. Hier kommen vor allem Wissen und Erfahrung zum Tragen. Hier unterscheiden sich Trader von Händlern. Trader entwickeln Strategien, die es ihnen erlauben, besonders günstige Einzelfälle zu finden und entsprechend Gewinn gegen Risiko zu ihrem größten Vorteil abzustimmen.

Langfristiges Trading bezieht sich dabei auf das Halten von Aktien über Jahre hinweg. Aufgrund der allgemeinen Trends nach oben ist das Risiko bei dieser Art der Anlage gering. Auf der anderen Seite ist auch der Gewinn gering, auch, wenn er an sich hoch ausfällt. Was selbst einen hohen Gewinn gering macht, ist die Tatsache, dass man ihn innerhalb von Jahren nur einmal verbucht. Selbst ein Gewinn von mehreren Hundert Prozent, der über die Jahre angehäuft wird, kann von einem Gewinn von nur einem Prozent geschlagen werden, solange Letzterer jeden Tag eingefahren wird. Daher ist der Gewinn, also die Vermögenssteigerung im langfristigen Trading, gering, wenn man ihn mit dem kurz- oder auch dem mittelfristigen Trading vergleicht.

Beim mittelfristigen Trading werden die Aktien für Wochen und Monate gehalten. Das erlaubt es, das Risiko in gewissen Schranken zu halten. Selbst heftige Kurseinbrüche können sich über Monate wieder erholen. Auf der anderen Seite verbucht man seine Gewinne nur hin und wieder und der potenzielle Profit über die Monate ist geringer im Vergleich zum Halten über Jahre. Da man aber hier die Gewinne, verglichen mit dem langfristigen Trading, mehrmals im gleichen Zeitraum einstreicht, hat man insgesamt einen höheren Profit.

Das kurzfristige Trading ist das Riskanteste. Aktien werden mitunter nur für Minuten, aber auch bis hin zu einigen Wochen gehalten. Hier ist der Gewinn pro Aktie im jeweiligen Zeitraum, verglichen mit dem mittel- und langfristigen Trading, gering. Man streicht die Gewinne aber so oft ein, dass man über den Zeitraum gerechnet erheblich größere Profite erzielt. Das Risiko ergibt sich daher, dass man die Aktien auch bei Kurseinbrüchen nicht lange hält. Es geht dann darum, sein Kapital zurückzuerhalten und mit anderen Aktien Gewinne zu erzielen. Der Handel ist also sehr schnell. Verluste werden bewusst hingenommen, um weiterhin Gewinnaussichten zu erhalten.

Langfristiges Trading ist gut für Anfänger geeignet. Man kann sich umfassend über die Aktien informieren. Man kann Entscheidungen langsam und nach ordentlichem Abwägen fällen. Mit ein wenig Erfahrung kann man sich dann an das mittelfristige Trading wagen. Hier geht es darum, günstige Aktien zu finden, die einen Gewinn innerhalb von Wochen und Monaten erlauben. Entscheidungen müssen öfter und dafür mit weniger Zeit zum Nachdenken gefällt werden. Dennoch aber kann man abwägen und im Zweifelsfall einfach die Finger davon lassen.

Das kurzfristige Trading, auch Daytrading genannt, eignet sich dagegen nur für Fortgeschrittene. Daytrading setzt darauf, die am schnellsten steigenden Aktien innerhalb sehr kurzer Zeit zu finden, und entsprechend zu reagieren. Es geht also nicht mehr um irgendwelche Firmen und Hintergründe, es geht nur noch um Kurse. Man hat wenig Zeit, sich zu informieren. Man muss Entscheidungen augenblicklich fällen. Dazu kommen der Druck des Gewinnstrebens und die Angst vor Verlusten. All das ist der perfekte Nährboden für Fehler. Daytrading ist also nur für diejenigen, die eine Menge Wissen über Aktien, Wertpapiere und Kurse aufweisen. Daytrader brauchen eine solide Erfahrung und sie müssen auch in gefährlichen Situationen einen kühlen Kopf bewahren.

Die absolute Königsdisziplin des Tradings ist das Scalping. Dies ist eine Art des Tradings, die sehr weit fortgeschrittene Daytrader anwenden. Hier werden große Gewinne, mitunter aber auch Verluste, innerhalb der ersten 15 Minuten eines Börsentages erzielt. Für diese Strategien muss man jedoch ein Meister sein. Hat man es aber bis dahin geschafft, dann kann man wirklich darüber nachdenken, seinen Job an den Nagel zu hängen und hauptberuflich Trader zu werden.

Trader haben, je nachdem, ob sie kurz-, mittel- oder langfristig handeln, verschiedene Hilfsmittel, um die Kursentwicklungen der Aktien vorherzusagen. Dazu gehören die aktuellen Nachrichten, Finanznachrichten und die Charts. Je kürzer man Aktien halten will, desto mehr verschiebt sich die Bedeutung in Richtung der Charts. Langfristiges Halten dagegen lässt die Bedeutung der Nachrichten und Finanznachrichten ansteigen.

Während das Verständnis von Nachrichten und Finanznachrichten an sich kein Problem ist, sind es gerade die Charts, die gerade Anfänger vor Schwierigkeiten hinsichtlich des Verständnisses stellen. Daher werden die Charts und deren Analyse in einem eigenen Kapitel behandelt.

Nun bleibt noch die Frage, warum überhaupt Leute mit Aktien handeln wollen. Die Antwort ist sehr einfach: Aktien bringen Geld. Warum aber wollen dann nicht alle mit Aktien handeln? Trading ist dann, wenn man es richtig machen und vielleicht davon leben will, kein Hobby mehr. Man muss sich bilden, weiterbilden, auf dem Laufenden halten und in das Ganze hineinwachsen. Dazu haben aber die meisten keine Lust. Hinzu kommt natürlich das inhärente Risiko, alles zu verlieren. Trading ist jedoch kein Glücksspiel, wenn man es richtig anfängt. Für die, die es richtig machen wollen, folgt nun ein kleiner Führer zum Trading in den folgenden Kapiteln.

Alles rund um die Börse

Wer Trading betreiben möchte, muss Aktien kaufen und verkaufen können. Dazu muss man aber wissen, wo man Aktien findet und wieder loswerden kann. Das Gute ist, dass es einen Marktplatz für Aktien gibt. Im Grund genommen jedoch gibt es nicht *einen*, sondern viele Marktplätze für Aktien. Man kann auf jedem davon handeln und entsprechend Aktien erwerben beziehungsweise verkaufen.

Die Marktplätze für Aktien gibt es in verschiedenen Formen. Egal, welche Form sie haben, sie werden Börse genannt. Dabei kann man grundsätzlich die Börse als klassischen, festen Handelsplatz, zu der man hingehen kann, und die elektronischen Börsen, unterscheiden.

Börsen verfolgen die Entwicklungen der Aktien und an den Börsen werden die Entwicklungen der Unternehmen verfolgt. Ebenfalls werden an den Börsen die Preise für die Aktien entwickelt, auch wenn die Börsen selbst diese Preise nicht bestimmen.

Die wichtigste Börse hierzulande ist die Frankfurter Börse. Diese befindet sich in Frankfurt am Main. Hier werden Geschäfte von professionellen Händlern, den sogenannten Brokern, abgewickelt, die ihre Aufträge dafür als Kaufs- beziehungsweise Verkaufsorder von überall herbekommen.

Die Frankfurter Börse ist weltberühmt. Sie selbst wiederum wird von einer Aktiengesellschaft betrieben und die Aktien dieser Gesellschaft werden ebenfalls gehandelt.

In der Frankfurter Börse wird auch der DAX erstellt. Die Aktiengesellschaft der Börse befindet sich ebenfalls im DAX. Der DAX wiederum ist der wichtigste Aktienindex in Deutschland. DAX steht als Abkürzung für „Deutscher Aktien Index". Darin sind die Aktien der 30 größten deutschen Aktiengesellschaften enthalten. Der Wert des DAX beziehungsweise der darin enthaltenen Unternehmen hat sich innerhalb der letzten 22 Jahre mehr als verfünffacht.

Nicht nur Deutschland hat eine Börse. Die wohl berühmteste Börse ist die New York Stock Exchange. Unter diesem Namen wird sie aber bestimmt kaum einer kennen, denn sie wird allgemein Wall Street genannt. Der Name Wall Street ist aber eigentlich der 600 Meter langen Straße vorbehalten, die den Finanzbezirk von New York bildet. Auf dieser Straße befindet sich auch die New York Stock Exchange.

Die New York Stock Exchange ist gleichzeitig die größte Börse der USA und der ganzen Welt. Damit hat sie Einfluss und Gewicht, dennoch hat sie ein Problem. Ihr Problem ist das gleiche Problem, das auch die Frankfurter Börse hat: Die elektronischen Börsen überflügeln sie. Das liegt daran, dass elektronische Börsen mit ihrem automatischen Handel die Aufträge schneller ausführen können, sie leichter erreichbar sind und schneller ihre Kurse aktualisieren.

Die wichtigste elektronische Börse in den USA ist die Nasdaq. Die Abkürzung Nasdaq steht für National Association of Securities Dealers Automated Quotations. Die Nasdaq existiert seit 1971. Sie wurde als Technologiebörse gegründet und widmet sich auch heute noch diesem Sektor. Das kann man an den beiden wichtigsten Indizes der Nasdaq erkennen. Diese sind die Nasdaq Composite und die Nasdaq

100. Die Nasdaq 100 wird aus den Aktienkursen der 100 führenden Technologieunternehmen der USA gebildet. Die Nasdaq Composite setzt sich aus den Kursen der rund 3.000 Technologieunternehmen zusammen.

Auch Deutschland hat seine elektronische Börse. Diese befindet sich ironischerweise ebenfalls in Frankfurt am Main. Dort jedenfalls steht ihr Hauptrechner. Dieser ist weltweit vernetzt und generiert automatisch die Kursupdates mehrmals pro Sekunde. Dank diesem automatischen Verfahren sind die Kurse dort oftmals fairer als in den alteingesessenen Börsen. Der Name dieser Börse ist Xetra.

Neben Xetra und Nasdaq gibt es noch jede Menge weitere elektronische Börsen weltweit. Dank der zunehmenden Digitalisierung und Vernetzung wird die Bedeutung elektronischer Börsen auch in Zukunft gewaltig zunehmen. Aufgrund der Geschwindigkeit des Handels dort und der Leichtigkeit, mit der sich Aufträge eingeben und abwickeln lassen, sind die elektronischen Börsen vor allem für Daytrader sehr wichtig. Insbesondere können Letztere der Börse ständig, rund um die Uhr, ihre Kaufs- und Verkaufsaufträge erteilen.

Aktien, Wertpapiere und Forex

Wie gesagt, sind Aktien und Wertpapiere eigentlich nicht zu unterscheiden, denn Aktien sind eine Art von Wertpapieren. Dennoch werden sie oft von den anderen Wertpapieren abgegrenzt, da sie an sich ein gängigeres Handelsobjekt und allgemein bekannter sind.

Aktien sind Anteilsscheine an einem Unternehmen. Diese Unternehmen sind registriert und werden als Aktiengesellschaften, abgekürzt AG, bezeichnet. Das Eigentum an den AGs wird über die Anzahl der Aktien bestimmt, die von den Aktionären gehalten werden. Dabei kann eine AG auch nur einer Person allein gehören. Das bedeutet, dass diese eine Person 100 % der Aktien dieser Gesellschaft besitzt. Normalerweise jedoch verteilt sich das Eigentum an einer AG über eine große Anzahl von Aktionären mit unterschiedlichen Prozentzahlen am Aktieneigentum.

Kauft man also eine Aktie, dann wird man Miteigentümer an einer AG. Dies kann ganz klein geschehen, zum Beispiel mit nur einer oder zwei Aktien, oder im großen Stil. Unternehmen können sich so sogar gegenseitig übernehmen. Das ist freundlich oder feindlich möglich. Bei einer freundlichen Übernahme verkauft die zu übernehmende AG ihre Aktien an den Übernehmer oder der Übernehmer kauft diese Aktien auf dem Markt. Die zu übernehmende AG kämpft dabei nicht gegen die Übernahme an.

Bei einer feindlichen Übernahme ist die zu übernehmende Gesellschaft nicht mit der Übernahme einverstanden. Sie wird dann versuchen, ihrerseits die Aktien auf dem Markt aufzukaufen. Sie kann auch durch unternehmerische Aktionen den Wert ihrer Aktien steigern, sodass sie zu teuer für den Übernehmenden werden. Bevorstehende Übernahmen sind wegen der damit verbunden Kursanstiege immer gut für Trader, die sich auf kurz- oder mittelfristiges Trading verlegt haben.

Jetzt stellt sich die Frage nach dem „Warum". Warum werfen Unternehmen ihre Aktien auf den Markt und warum sollte man diese Aktien kaufen? Beginnen wir mit dem ersten Teil. Warum verkaufen die Unternehmen Aktien und damit Anteile an ihrem Eigentum?

Unternehmen beginnen gewöhnlich nicht als Aktiengesellschaft an einer Börse. Normalerweise wird das Unternehmen in einer anderen Form gegründet. Nach einem gewissen wirtschaftlichen Erfolg will das Unternehmen expandieren, sich erneuern oder neue Produkte auf den Markt bringen. Egal, welcher dieser Gründe zutrifft, das Unternehmen braucht Geld. Nun kann es dieses Geld einfach dadurch erhalten, indem es die Aktien auf dem Markt verkauft. Der Profit des Verkaufes geht dann, minus eines Anteils für die Händler, direkt an das Unternehmen.

Und warum kaufen die Leute Aktien? Viele Leute haben Sparguthaben angehäuft oder auf andere Art Geld erhalten. Lagert man dieses Geld einfach nur auf seinem Konto oder legt es auf einem Festgeldkonto an, erhält man heutzutage nur einen lächerlichen Prozentsatz, der es kaum vermag, die Inflation auszugleichen. In anderen Worten, der Wert des Geldes sinkt. Aktien dagegen steigen generell in ihrem Wert. Daher macht es Sinn, das eigene Geld dort anzulegen.

Als allgemeine Anlagen haben Aktien eine Reihe von Vorteilen. Oftmals gehen Unternehmen an die Börse, die bereits eine gewisse, erfolgreiche Geschichte aufweisen. Das Risiko einer Anlage hält sich damit in Grenzen. Dazu kommt die Spannung. Es ist eben viel interessanter, einer Aktie beim Steigen zuzusehen, als die mickrigen Zinseinnahmen auf einem Konto zu beobachten. Damit nicht genug. Schon mit nur einer einzelnen Aktie kann man sich als Anteilseigner an einem berühmten Unternehmen fühlen. Es gehört einem eben ein Teil des Unternehmens und dieses kann so namhaft, wie Coca-Cola, Google oder VW sein.

Neben diesen Vorteilen sind Aktien auch erstaunlich flexibel. Festgeldkonten verlangen, dass man sein Geld für eine bestimmte Zeit fest anlegt. Man kann es also nicht so einfach wieder abheben. In diesem Zeitraum, der oft mehrere Jahre beträgt, kann aber so Einiges geschehen. Während das Geld auf einem Festgeldkonto in diesem Zeitraum blockiert ist, kann man eine Aktie dagegen jederzeit wieder verkaufen.

Aktien sind auch nicht untätig. Nicht nur steigen sie im Wert, sie bringen auch Dividenden. Dividenden wiederum richten sich nach dem Jahresgewinn, zumindest im Allgemeinen. Sie werden einmal pro Jahr ausgeschüttet, üblicherweise am Tag nach der Generalversammlung. Die Generalversammlung wiederum ist die jährliche Versammlung, bei der alle Aktionäre anwesend sein können und über die Zukunft des Unternehmens entscheiden.

Die Dividenden werden auf der Hauptversammlung festgelegt und folgen im Allgemeinen der Faustregel, dass ein hoher Gewinn eine hohe Dividende bringt. Es kann aber auch ganz anders kommen. Zum

Beispiel kann eine AG sich entscheiden, selbst in einem Rekordjahr keine Dividenden auszuschütten. Der Grund dafür kann die Ablösung von Schulden, eine Investition in das Unternehmen oder die Übernahme eines anderen Unternehmens sein.

Umgedreht kann ein Unternehmen selbst in einem Verlustjahr eine Dividende ausschütten. Dividendenausschüttungen beeinflussen den Kurs einer Aktie. Daher ist es mitunter vorteilhaft, selbst in einem schlechten Jahr eine Dividende zu zahlen, um damit den Wert der Unternehmensaktie zu stützen oder zu erhöhen. Das kann vor allem bei einer bevorstehenden feindlichen Übernahme geschehen. Aktionäre sind an Dividenden interessiert, daher stehen Aktien mit guten Aussichten auf Dividendenzahlungen einfach höher im Kurs.

Aktien sind ein Wertpapier und es gibt noch viele andere Arten von Wertpapieren. Diese sind im Wesentlichen Anleihen, Zertifikate, Optionen, Genussscheine und Investmentfonds.

Anleihen sind im Grunde genommen Kredite. Der Staat oder ein Unternehmen leiht sich dabei von jemandem Geld. Dieser „Jemand" kann eine Person, ein Unternehmen oder eine Bank sein. Ist der Herausgeber der Anleihe ein Staat, dann spricht man von einer Staatsanleihe. Ist der Herausgeber ein Unternehmen, dann handelt es sich um eine Unternehmensanleihe.

Die Anleihen gelten für einen bestimmten Zeitraum. Der Käufer der Anleihe gibt sein Geld dem Staat beziehungsweise dem Unternehmen, welches die Anleihe herausgibt. Über den festgelegten Zeitraum hinweg erhält der Inhaber der Anleihe Zinszahlungen. Am Ende der Laufzeit wird der geliehene Geldbetrag zurückgezahlt.

Ähnlich der Aktien, so können auch Anleihen verkauft werden. Sie gelten dabei vor allem als eine sichere Geldanlage. Das liegt zum einen an den regelmäßigen Einnahmen aufgrund der Zinsen und zum anderen an den geringen Kursschwankungen. Natürlich gibt es auch Ausnahmen. Zum Beispiel sind die Anleihen bestimmter Staaten beziehungsweise Unternehmen riskanter, als die von anderen. Das liegt an dem Zahlungsverhalten und der Finanzkraft des betroffenen Staates beziehungsweise Unternehmens. Je wahrscheinlicher der Ausfall der Zahlungen ist, desto höher ist im Allgemeinen der Zinssatz und desto geringer ist der Kurs der Anleihe. Das gilt vor allem dann, wenn nach der Zeichnung der Anleihe ein Ausfall zu befürchten ist.

Neben diesen direkt mit dem Herausgeber der Anleihe verbunden Gründen, wird der Kurs aber noch von anderen Einflüssen bestimmt. Schwanken allgemein die Zinssätze oder verändert sich der Leitzins, hat das Auswirkungen auf den Kurs der Anleihe. Diese Auswirkungen hängen auch mit der Restlaufzeit der Anleihe zusammen. Ist diese größer, dann sind die Auswirkungen entsprechend stärker.

Zertifikate und Optionen gehören zu den Derivaten. Ein Derivat leitet ihren Wert von einem anderen Wertpapier ab. Daher auch der Name „Derivat". Derivate sind im Vergleich zu den anderen Wertpapieren riskanter, aber auch profitabler. Mit ihnen lassen sich auch kleine Schwankungen von Kursen in gewaltige Auswirkungen umwandeln. Das ermöglicht entsprechende Gewinne, bringt aber auch mitunter sehr hohe Verluste.

Derivate kann man einfach als Wettscheine ansehen. Damit kann man auf steigende oder sinkende Kurse wetten und mit beiden einen

Gewinn einstreichen. Die größere Profitabilität ergibt sich dabei zum einen daraus, dass auch ein sinkender Kurs Geld bringen kann. Zum anderen kann man ein Derivat hebeln. Mit einem Hebel kann man den Wert eines Kurssprunges oder -abfalls vervielfachen. Ein Hebel von 4 vervierfacht eine Kursschwankung. Wenn dabei eine Aktie um 4 Prozent steigt, bringt dieser Hebel tatsächlich eine Steigerung von 16 %. Das klingt gut, wenn man auf die Steigerung gewettet hat. Wenn dagegen der Kurs fällt oder man einfach auf die falsche Kursentwicklung gesetzt hat, dann bedeutet das auch einen Verlust von 16 %. Es kann sogar vorkommen, dass man bei sehr negativen Entwicklungen noch Geld nachschießen muss.

Neben der Hebelung, die eben auch Verluste vervielfacht, sind Derivate auch aufgrund ihrer Natur riskanter. Sie leiten ihren Wert von dem Wert eines anderen Papiers ab. Daher ist es oft schwer nachzuvollziehen, was den Kurs beeinflusst. Entsprechend undurchsichtig ist auch die weitere Kursentwicklung. Es lässt sich bei Derivaten eben nur sehr schwer prognostizieren, ob und inwieweit sie in ihrem Wert steigen oder sinken werden.

Zertifikate beziehen sich auf andere Wertpapiere, genauer gesagt, auf den Wert von Investitionen. Zertifikate lassen sich in einer unendlichen Anzahl von Variationen für eine Unzahl an Situationen erstellen. Daher gibt es Zertifikate für Banken, Immobilien, Garantien, Discount und Boni. Diese Liste ist aber mitnichten vollständig. Weitere Zertifikate kommen ständig hinzu.

Zertifikate sind oft sehr kompliziert gestaltet. Besonders hohe Gewinne lassen sich mit Knock-out-Zertifikaten erreichen. Diese bergen aber auch ein hohes Verlustrisiko, weswegen sie wirklich nichts für Anfänger sind.

Optionen wiederum sind Derivate, die ein Recht enthalten. Dieses Recht gilt für die Zukunft und sie sind eine Wette auf die Entwicklung der Kurse. Am besten lässt sich das anhand eines Beispiels verdeutlichen. Nehmen wir ein Unternehmen, zum Beispiel die AG Otto. Die Aktien der AG Otto stehen bei 100 € pro Aktie. Jetzt kann man Optionen erwerben, die einen zum Erwerb dieser Aktien zum Wert von 100 € in einem Jahr berechtigen. Jede Option kostet 10 €. Ein Jahr später steht die Aktie bei 150 €. Jetzt kann man diese Aktie für 100 € kaufen. Für eine Aktie ergibt sich damit der Preis für eine Option von 10 € und der Preis für die Aktie von 100 €, zusammen also 110 €. Die Aktien kann man dann gleich wieder für 150 € verkaufen. Daraus ergibt sich ein Gewinn von 40 € pro Aktie. Das klingt soweit sehr gut, wenn aber der Aktienkurs auf nur 110 € steigt, dann hat man keinen Gewinn gemacht. Sinkt der Aktienkurs jedoch, braucht man die Option nicht auszuüben, dennoch hat man einen Verlust gemacht. Der Verlust beläuft sich auf 10 € pro gekaufter Option.

Laufend werden neue Finanzprodukte auf den Markt geworfen. Eines davon ist der sogenannte Genussschein. Dieser ist im Grunde genommen eine Kreuzung aus Aktie und Anleihe. Während jedoch Aktien und Anleihen genau reguliert sind, gibt es keine Vorschriften für Genussscheine. Es zählen also nur die Regeln, die man mit dem Genussschein selbst festlegt.

Aufgrund der fehlenden Regulierung und der oftmals sehr stark unterschiedlichen Gestaltung der Genussscheine, verbunden mit der daraus resultierenden Undurchsichtigkeit, ergeben sich teils erhebliche Kursschwankungen. Daher sind Genussscheine nichts für Anfänger.

Ein Genussschein funktioniert teilweise wie eine Anleihe. Man gibt dem Unternehmen eine bestimmte Menge Geld, bekommt dafür Zinszahlungen und am Ende der Laufzeit sein Geld zurück. Die teilweise Funktion als Aktie macht diese Zins- und Rückzahlungen jedoch mehr zu einer theoretischen Angelegenheit. So, wie Dividenden, so werden auch die Rückzahlungen von dem Unternehmen festgelegt. Gleiches gilt auch für die Zinszahlungen. Daraus ergeben sich erhebliche Risiken. Es kann zum Ausfall der Zinszahlungen oder sogar zu einem Totalausfall des ganzen Genussscheines kommen. Auf der anderen Seite bringt ein solches Risiko aber auch eine Chance auf einen höheren Gewinn. Die Zinszahlungen fallen nämlich höher als bei einer simplen Anleihe aus.

Für den Wertpapierhandel kann man sich auch an einem Investmentfonds beteiligen. Das kann man auf zwei Wegen anstellen. Als Erstes kann man in den Investmentfonds selbst einsteigen. Der Fonds handelt mit Aktien und erwirtschaftet damit Gewinne. Die Gewinne werden den Teilhabern des Fonds je nach dem Prozentsatz ihrer Teilhabe ausgezahlt. Das ist ein einfacher Weg, Aktien zu handeln. Genauer gesagt, lässt man einen erfahrenen Händler den Handel durchführen. Man spart also Zeit und bekommt mit einiger Sicherheit einen Gewinn, auch, wenn dieser nicht so hoch ausfällt.

Wenn man sich an einem Investmentfonds auf die beschriebene Art beteiligt, verliert man jedoch die Kontrolle über das Investment.

Der Fondsmanager trifft alle Entscheidungen. Damit hängen Profit und Verlust von dessen Fähigkeiten ab. Interessanter jedoch ist es, die Anteile eines Fonds zu kaufen. Diese werden, ähnlich wie Aktien von Unternehmen, an den Börsen gehandelt. Damit haben diese Fonds einen Wert, einen Kurs und man kann mit ihnen auf diese Weise einen Gewinn erwirtschaften. Man behält die Kontrolle und man hat mehr Nervenkitzel. Ein weiterer Vorteil ist, dass im Zweifelsfall der Fonds die eigenen Anteile zurückkaufen muss, wenn man keinen anderen Abnehmer dafür findet. Eine Ausnahme von dieser Regel bietet der geschlossene Fonds, der seine eigenen Anteile nicht kauft.

Die Anzahl und Arten der Wertpapiere selbst, die sich auf dem Markt befinden, machen es nicht leicht, einen Überblick zu erhalten. Um dennoch einzelne Wertpapiere verfolgen zu können, haben diese eine Nummer, ähnlich dem Kennzeichen an einem Auto. In Deutschland finden die Wertpapierkennnummern Verwendung. Diese Nummer wird einleitend als WKN abgekürzt. Es gibt auch eine internationale Nummer. Diese beginnt mit dem Kürzel ISIN.

Eine Hilfe, um in der schieren Anzahl der Aktien und Wertpapiere einen generellen Überblick zu erhalten, sind die Indizes. Ein Index, Singular von Indizes, fasst bestimmte Aktien zusammen. Der Wert dieser Aktien wird als Pool addiert. Während man mit dem Index dann zwar nicht den Wert einer einzelnen Aktie ablesen kann, bietet es jedoch ein Stimmungsbarometer für die gesamte Wirtschaft eines Landes oder einen Zweig der Wirtschaft.

Wer also wissen will, ob es mit den Aktien generell hoch- oder runtergeht, hat die Wahl. Entweder man setzt sich vor dem Computer und schaut sich die Aktien von Dutzenden oder gar Hunderten von Unternehmen selbst an oder man schaut auf einen Index. Dieser enthält eine Menge Aktien und man kann sehen, ob diese überwiegend gestiegen oder gefallen sind. Dabei kann ein Index durchaus steigen, auch wenn eine einzelne, enthaltene Aktie oder einige wenige Aktien darin fallen.

Der bekannteste Deutsche Aktienindex ist bereits der angesprochene DAX. Damit kann man ablesen, wie sich die Stimmung am Aktienmarkt in Deutschland entwickelt. Der DAX enthält zum Beispiel die Aktien von Bayer, BMW, Commerzbank, der Deutschen Lufthansa und vielen anderen. Insgesamt sind es die Aktien der 30 führenden Aktiengesellschaften Deutschlands.

Neben dem DAX existieren jedoch noch eine Menge andere Indizes. Zum Beispiel findet man an der New Yorker Börse den Nasdaq Composite, Dow Jones Industrial Average und S&P 500. Diese Indizes beziehen sich auf bestimmte Unternehmen und sie erlauben das Ablesen von Trends in ihrem jeweiligen Zweig der Wirtschaft.

Neben dem Handel mit Aktien und Wertpapieren ist auch der Handel mit Währungen attraktiv. Dieser Handel wird als Foreign Exchange, oder kurz Forex, bezeichnet. Beim Forex nutzt man die Schwankungen der Währungen über einen bestimmten Zeitraum hinweg aus. Dabei könnte man theoretisch so vorgehen, dass man sein Geld von Euro in Dollar umtauscht und dann später, wenn der Dollar mehr wert ist, wieder in Euro zurücktauscht. Das ist aber ein mühsamer und zeitraubender Prozess, der kaum Profit einbringen wird. Das liegt an den hohen Gebühren der Wechselstuben und den nicht immer so starken Kursschwankungen.

Forex betreibt man besser mit Derivaten. Man wettet also auf einen steigenden oder sinkenden Kurs und wählt dementsprechend Optionen. Damit nicht genug kann man auch gehebelte Derivate verkaufen. Ein Hebel kann schon einmal gut und gerne 200 betragen. Damit würde also eine einprozentige Kursschwankung in eine Schwankung um 200 % verwandelt. Dies sollten aber, angesichts des Verlustrisikos, nur erfahrene Händler machen.

Ob man sich nun auf Wertpapiere direkt, Derivate, Forex oder einfach nur Aktien stürzt, bleibt jedem selbst überlassen. Das ist eine Sache der persönlichen Vorlieben und Erfahrungen. Wer sich mit Währungen auskennt, sollte mit Forex anfangen. Wer sich mit Aktien wohlfühlt, hält sich eben an diese. Aber nur wer richtig Erfahrung hat, sollte sich an Derivate herantrauen. Deren oftmals bestehende Undurchsichtigkeit, verbunden mit der Hebelung, machen sie zu einer sehr riskanten Sache. Eine Grundregel sollte man aber dabei niemals vergessen: Was man nicht versteht, davon lässt man am besten die Finger!

Der Kurs

Wenn man die Aktienkurse in den Nachrichten oder in den Finanzseiten sieht, dann sehen diese so einfach aus. Was sich aber dahinter verbirgt, wissen nur Wenige. Das Hauptproblem ist, wenn man sich wirklich mit diesen Kursen befassen will, dass sie eigentlich keine Aussagekraft haben. Das liegt daran, dass sie die Vergangenheit abbilden, nicht die Gegenwart und nicht die Zukunft. Man kann zwar Rückschlüsse aus der Vergangenheit ziehen, doch mit diesen kann man richtig oder falsch liegen.

Um die Kurse zu verstehen, muss man als Erstes wissen, wie sie zustande kommen. Dabei ist es auch wichtig, zu wissen, dass eine Aktie nicht einen Kurs, sondern in Wahrheit drei Kurse hat. Mit dieser Grundlage bewaffnet, kann das Verständnis beginnen.

Der Kurs einer Aktie, den man am meisten zu sehen bekommt, ist der sogenannte historische Kurs. Dieser wird von der Börse festgehalten, aber nicht festgelegt. Die Käufer und Verkäufer, ihre Nachfrage und ihr Angebot, bestimmen den Preis und damit den Kurs.

An einer Börse stellen die Käufer einen Kaufantrag ein. Dieser Kaufantrag spezifiziert, wie viele Aktien gekauft werden sollen. Ebenfalls legt der Kaufantrag fest, welche Aktien überhaupt zu kaufen sind und schlussendlich enthält der Kaufantrag den Preis, den der Käufer zu zahlen bereit ist.

Ähnlich dessen stellt ein Aktieninhaber seine Aktien zum Verkauf. Er hinterlegt einen Verkaufsantrag. Dieser enthält die Art der Aktie, deren Anzahl und den Preis, den der Verkäufer für die Aktien erhalten möchte.

Die Börse nun führt ein Buch, in welchem die Kauf- und Verkaufsanträge aufgelistet sind. Sobald sich zwei davon decken, führt die Börse diese zusammen, das ist dann ein Match. Der Verkaufs- und der Kaufantrag werden ausgeführt. Die Art, Anzahl und der Preis der Aktien werden dann als historischer Kurs veröffentlicht. Dieser Kurs bildet aber nur den letzten Verkauf beziehungsweise Kauf ab. Damit kommt ihm eigentlich keine Aussagekraft für die Zukunft zu. Niemand weiß, welcher Preis die Aktie in der Zukunft erzielen wird.

Die Börse führt das Buch, das sogenannte Orderbuch, mit den Anträgen für Käufe und Verkäufe. Da der historische Kurs keine echte Aussagekraft für die Zukunft hat, erstellt sie aus diesen Anträgen zwei weitere Kurse.

Der Erste dieser beiden Kurse ist der Briefkurs. Die Verkaufsanträge der Verkäufer werden als Ask in das Orderbuch eingetragen. Der Verkaufsantrag, oder Ask, mit dem niedrigsten Preis wird veröffentlicht. Dieses bildet den Briefkurs.

Der zweite Kurs ist der sogenannte Geldkurs. Die Kaufanträge der Käufer werden als Bid in das Orderbuch eingetragen. Der Kaufantrag, oder Bid, mit dem höchsten Preis wird veröffentlicht. Damit wird der Geldkurs gebildet.

Normalerweise befindet sich eine Lücke zwischen dem Briefkurs und dem Geldkurs. Der Briefkurs ist immer etwas höher als der Geldkurs. Das kommt daher, dass ohne diese Lücke die beiden Kurse einander berühren würden und sofort ein Match entstünde. Wenn ein

Antrag zum Kauf mit einem Antrag zum Verkauf übereinstimmt, wird dieses Geschäft ausgeführt, und als historischer Kurs veröffentlicht. Das geschieht aber immer dann nicht, wenn der Briefkurs höher als der Geldkurs ist. Diese Lücke zwischen den Kursen wird als Spread bezeichnet.

Natürlich sind diese Kurse nicht in Stein gemeißelt. Sie verändern sich. Wie sie sich verändern, soll ein Beispiel verdeutlichen. Die Aktie eines Unternehmens, nehmen wir wieder die AG Otto, steht bei einem historischen Kurs von 50 €. Das bedeutet, der letzte Verkauf beziehungsweise Kauf dieser Aktie erfolgte zu einem Preis von 50 € pro Aktie. Jetzt bietet der Käufer mit dem höchsten Preis nur

48 € für diese Aktie an. Gleichzeitig möchte aber der Verkäufer mit dem niedrigsten Preis 52 € für diese Aktie. Damit ergeben sich der Geldkurs bei 48 € und der Briefkurs bei 52 €. Der Spread ist 4 €. Es kommt zu keinem Kauf oder Verkauf, denn der niedrigste Verkäufer möchte 4 € pro Aktie mehr, als der höchste Käufer für die Aktie zu zahlen bereit ist.

Jetzt kommt ein neuer Käufer. Dieser erstellt einen Kaufantrag für die Aktie Otto, aber er lässt den Preis offen. Damit wird die Aktie Otte sofort mit ihrem niedrigsten Preis gekauft. Der niedrigste Preis ist 52 €. Jetzt kauft der neue Käufer diese Aktie also für 52 €. Damit ergeben sich sofort Veränderungen im Kurs.

Zum Ersten wird der Verkauf als historischer Kurs veröffentlicht. Der historische Kurs liegt nun bei 52 €.

Als Nächstes steigt der Briefkurs, denn der stand bisher bei 52 €, als das niedrigste Verkaufsangebot. Das niedrigste Verkaufsangebot jedoch ist nun bedient. Damit wird das nächstniedrigste Verkaufsangebot zum neuen Briefkurs. Sagen wir, der nächste Verkäufer möchte

52,50 € für die Aktie. Damit läge dann der neue Briefkurs bei 52,50 €.

Drittens, der Geldkurs bleibt gleich. Unter den Käufern hat sich nichts geändert. Noch immer möchte der Käufer mit dem höchsten Bid nur 48 € für die Aktie Otto bezahlen. Damit bleibt der Geldkurs bei 48 €.

Viertens, der Spread hat sich geändert. Zuvor lagen das höchste Bid bei 48 € und das niedrigste Ask bei 52 €. Jetzt aber liegt das höchste Bid noch immer bei 48 €, aber das niedrigste Ask ist nun

52,50 €. Damit ist der Spread nicht mehr 4 €, sondern er liegt jetzt bei 4,50 €.

Die Kurse schwanken also aufgrund der vielen Käufe und Verkäufe ständig. Dabei aktualisieren die Börsen die Kurse sehr oft. Vor allem elektronische Börsen aktualisieren die Kurse mehrmals pro Sekunde.

Direkt also entsteht der Kurs aus dem Ask, dem Bid und dem Match. Damit entwickeln sich der Brief-, der Geld- und der historische Kurs. Neben diesen, direkt mit den Verkäufen zusammenhängenden Schwankungen, gibt es natürlich noch weitere Einflüsse.

Wann immer sich etwas in einem Unternehmen tut, hat das Einfluss auf seine Aktien. Wenn eine AG zum Beispiel eine hohe Dividende auszahlt, wollen mehr Leute diese Aktien kaufen. Das kommt daher, dass sie sich gute Dividenden in der Zukunft ausrechnen und dass es dem Unternehmen gut zu gehen scheint. Auf der anderen Seite wollen die Inhaber der Aktie diese nicht so einfach hergeben, denn auch sie rechnen sich zukünftige Einnahmen aus Dividenden aus und dem Unternehmen geht es auch für sie gut. Damit ergeben sich höhere Bids für die Käufer, denn sie wollen die Aktie. Gleichzeitig ergeben sich höhere Asks von den Verkäufern, denn sie kennen den Wert ihrer Aktien. Gleichzeitig gibt es weniger Aktieninhaber, die bereit sind, diese Aktie überhaupt zu verkaufen. Das bringt dann auch Verkäufe mit immer höheren Preisen, wodurch auch der historische Kurs permanent ansteigt.

Umgedreht sind schlechte Nachrichten auch schlecht für die Aktien. Sind Investitionen zum Beispiel fehlgeschlagen, dann rechnen sich die Aktieninhaber und potenziellen Käufer geringere Einnahmen aus Dividenden aus. Damit wollen mehr Aktieninhaber ihre Aktien verkaufen. Gleichzeitig wollen weniger Käufer diese Aktie haben. Ebenso sind die Käufer nicht mehr bereit, so hohe Preise zu bezahlen. Daraus ergibt sich eine große Anzahl immer niedriger Asks. Das sorgt für einen sinkenden Briefkurs. Gleichzeitig gibt es weniger und dafür niedrigere Bids. Das sorgt für einen sinkenden Geldkurs. Daraus folgt auch, dass die Verkäufe zu immer geringeren Preisen stattfinden, was wiederum den historischen Kurs absenkt. Damit gehen alle drei Kurse nach unten. Diese Entwicklung kann sich bei sehr stark kränkelnden Unternehmen noch zu einer Todesspirale verstärken. Da immer weniger Leute die Aktie kaufen, aber immer mehr sie verkaufen wollen, sinkt der Preis. Weil der Preis sinkt, gibt es noch mehr Inhaber der Aktie, die sie loswerden wollen und immer weniger Käufer. Damit schrumpft die Anzahl der Käufer immer schneller mit immer mehr sinkenden Preisen. Gleichzeitig steigt die Anzahl der Aktien, die auf den Markt geworfen werden, rasant an, was den Preis ebenso rasant noch mehr nach unten drückt. Am Ende steht dann das Aus für diese Aktie. Doch dies ist ein sehr extremes Szenario.

Die Chartanalyse

Die Chartanalyse ist umso wichtiger, je kurzfristiger man seinen Aktienhandel betreiben möchte. Für die langfristigen Trader ist es eher empfehlenswert, sich über das Unternehmen selbst zu informieren. Damit kann man die Aussichten dieses Unternehmens auf einen langfristigen Erfolg abschätzen und dementsprechend investieren. Hier sind Chartanalysen zwar nicht komplett unnütz, sie sind aber eher rudimentär. Die generelle Entwicklung ist wesentlich wichtiger.

Für die kurzfristigen Trader, genauer gesagt, die Daytrader, sind Chartanalysen das allerwichtigste Werkzeug. Jedem Unternehmen, auch wenn es noch so gut gestellt ist, kann es einmal momentan schlecht gehen. Das kann man aber weniger aus Nachrichten ablesen, sondern ganz banal gesagt: Man sieht es am Kurs. Ein Daytrader setzt auf momentane Kursveränderungen. Diese können in einem kurzfristigen Verlust oder eine einer schlichten Abflachung des Anstieges bestehen. All das jedoch sehen sie in den Charts. Während auch für den Daytrader das Studium der Nachrichten empfehlenswert ist, ist die Bedeutung gegenüber den Charts jedoch sehr gering. Es geht eher darum, in den Nachrichten besonders besorgniserregende und akute Bedrohungen zu entdecken. Solange diese nicht bestehen, ist der Chart das Nonplusultra.

Der mittelfristige Trader braucht eine gesunde Mischung. Er muss allgemeine Trends kennen. Diese sind mehr in den Unternehmensentwicklungen als in den Charts der Unternehmensaktie zu erkennen. Auf der anderen Seite muss er auch auf kurzfristige Schwankungen reagieren können. Daher hält sich hier die Wichtigkeit der Nachrichten und der Charts die Waage.

Die Aktiencharts sind immer nach einem gleichen Prinzip aufgebaut. Sie verfügen über zwei Achsen. Die horizontale Achse ist die Zeitachse. Diese kann man unterschiedlich auswählen. Sie kann Stunden, Minuten, aber auch Tage, Monate und Jahre repräsentieren. Die vertikale Achse repräsentiert den Preis der Aktie.

Das Ablesen des Kurses erfolgt über die Kurve innerhalb des Charts. Diese Kurve wird aber sehr unterschiedlich dargestellt. Der einfachste Chart ist der sogenannte Linienchart.

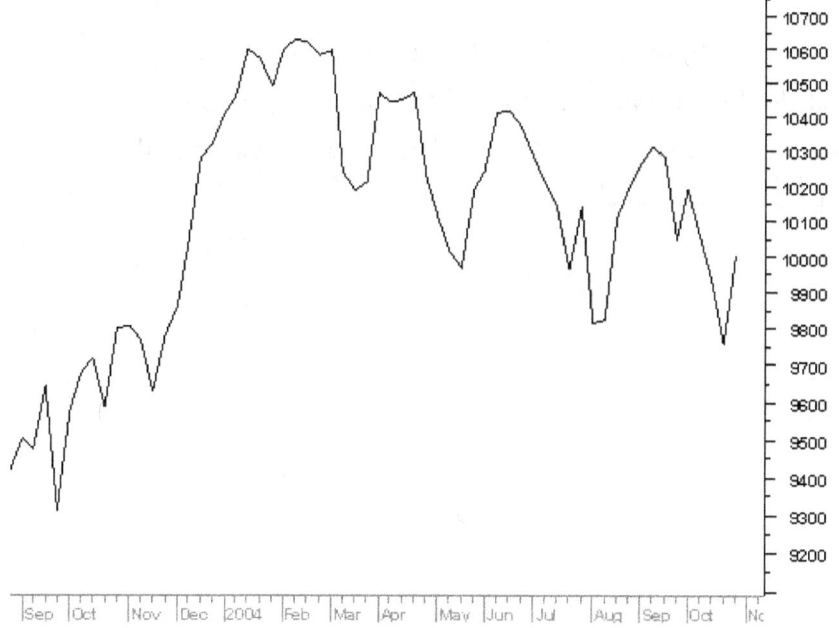

Linienchart

Liniencharts eignen sich für die Darstellung relativ langer Zeiträume. Dank der geringen Informationsdichte bleibt der Linienchart dabei übersichtlich. Aufgrund des langen Zeitraumes braucht man auch keine genaueren Informationen. In anderen Worten, man bekommt die Informationen, die man braucht, ohne von deren Menge erschlagen zu werden.

Liniencharts waren der Anfang der Kursdarstellung. Bis heute noch sind sie das richtige Werkzeug für den langfristigen Trader. Auch der mittelfristige Trader wird einiges an Zeit mit Liniencharts verbringen. Der Daytrader hingegen hat nur wenig von einem Linienchart. Er wird nur einen kurzen Blick darauf werfen, um generelle Trends abzulesen, sich aber ansonsten auf die neueren Charts konzentrieren.

Mit der Entwicklung des Börsenhandels beschleunigte sich dieser und die Leute brauchten mehr Informationen, die vor allem mittel- und kurzfristiges Trading unterstützen. Die Antwort auf darauf ist der sogenannte Balkenchart.

Balken- bzw. Barchart

Balkencharts, englisch auch Barcharts genannt, bringen wesentlich mehr Informationen in das Blickfeld. Sie stellen nicht einfach nur den generellen Kurs einer Aktie dar, sondern zeigen auch deren Punktentwicklung. So kann der Chart einen Tagesverlauf darstellen und innerhalb des Charts kann man Stundenentwicklungen ablesen. Das geschieht mit den Balken.

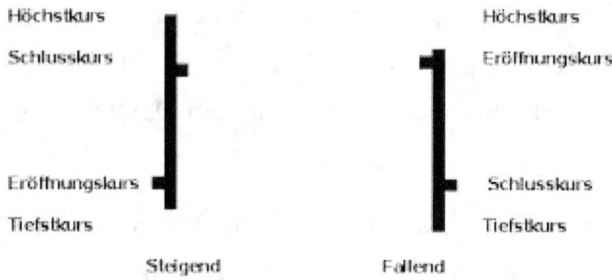

Balkenchart erklärt

Sagen wir, der Kurs wird über eine Woche dargestellt und jeder Balken repräsentiert einen Tag. Dann sieht man den generellen Kurs mit seinen Schwankungen (steigend / fallend), wie in einem Linienchart. Für jeden Tag wird dann noch ein Balken hinzugefügt. Dieser zeigt die tagesspezifischen Informationen.

Der Balken selbst zeigt den Höchst- beziehungsweise den Tiefststand des spezifischen Zeitraumes, in unserem Beispiel des Tages. Der höchste Punkt des Balkens repräsentiert den Höchststand und der niedrigste Punkt repräsentiert den Tiefststand.

Dazu hat der große, senkrechte Balken noch zwei kleinere Striche. Der Strich auf der linken Seite repräsentiert den Eröffnungskurs, also den Kurs am Beginn des Tages in unserem Beispiel. Der Strich auf der rechten Seite repräsentiert den Schlusskurs, also den Kurs am Ende des Zeitraumes, in unserem Beispiel am Ende des Tages. Ist die Aktie gefallen, dann ist der Strich links, der den Eröffnungskurs zeigt, höher als der Strich rechts, der den Schlusskurs zeigt. Umgekehrt, wenn die Aktie gestiegen ist, dann ist der Strich links mit dem Eröffnungskurs niedriger als der Strich rechts mit dem Schlusskurs.

Ein Balkenchart eignet sich für einen Zeitraum, der nicht so kurz aber auch nicht so lang ist. Die Informationsdichte ist weit höher als beim Linienchart, aber noch immer mag ein Daytrader es problematisch finden, alle Informationen auf einen Blick abzulesen.

Der heutige Stand ist der Kerzenchart. Dies ist auch der Chart, der für den Daytrader das hauptsächlichste Werkzeug darstellt. Hier kann man viele relevante Informationen ablesen, aber noch immer einen gewissen Überblick behalten. Das geht aber nur für einen kürzeren Zeitraum. Wählt man den Zeitraum zu lang, dann wird der Chart sehr schnell sehr unübersichtlich.

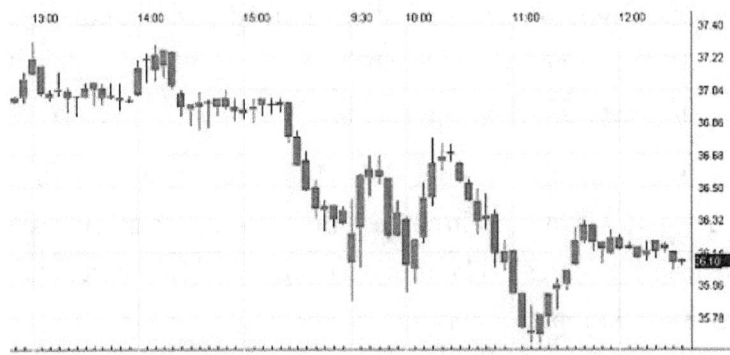

Kerzenchart

Kerzencharts stellen im Prinzip die gleichen Informationen wie ein Balkenchart zur Verfügung, doch sie gestalten diese Informationen übersichtlicher. Vor allem kann man in einem Kerzenchart viel einfacher ablesen, ob eine Aktie gestiegen oder gefallen ist.

Wie in einem Balkenchart, so gibt es im Kerzenchart einen senkrechten Balken. Dieser wird Docht oder Lunte genannt. Ist er oberhalb, dann ist es ein Docht, ist er unterhalb, dann ist es eine Lunte.

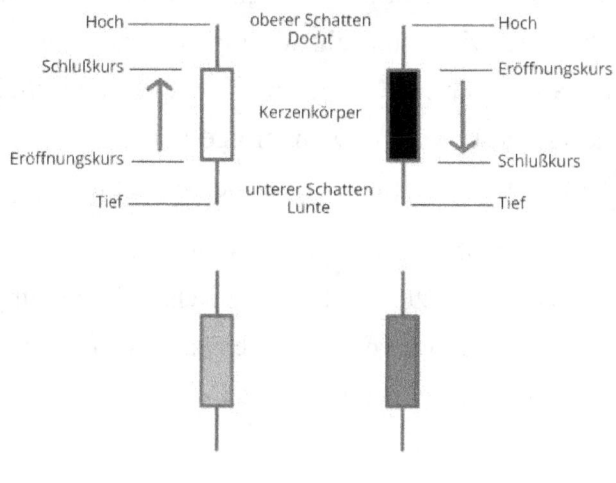

Kerzenschart

Der höchste Punkt des Dochtes repräsentiert nach wie vor den höchsten Stand der Aktie in dem fraglichen Zeitraum. Der niedrigste Punkt der Lunte repräsentiert den Tiefststand der Aktie in dem angezeigten Zeitraum. Die Kerze selbst repräsentiert den Eröffnungs- und den Schlusskurs. Dabei kann jedoch entweder der Eröffnungs- oder der Schlusskurs oben beziehungsweise unten sein. Um herauszufinden, ob die Aktie gestiegen oder gefallen ist, muss man auf die Farbe achten. Weiß beziehungsweise Grün bedeuten, dass die Aktie gestiegen ist. Hier ist also der Eröffnungskurs der untere Rand der Kerze und der Schlusskurs der obere Rand. Eine schwarze beziehungsweise rote Kerze zeigt eine Aktie an, die gefallen ist. Hier ist der obere Rand der Kerze der Eröffnungskurs und der untere Rand zeigt den Schlusskurs.

Dank der Farben kann man auf einem Blick erkennen, ob es mit der Aktie nach oben oder nach unten ging. Während das für sich genommen schon sehr viele und sehr wichtige Informationen beinhaltet, brauchen vor allem Daytrader noch mehr, um eine wirklich aussagekräftige Analyse zu erstellen. Demzufolge verfügen die Charts über weitere Informationen, die man hinzuschalten kann.

Eine weitere wichtige Information ist der gleitende Durchschnitt. Dieser wird MA abgekürzt, aus dem Englischen für Moving Average. Der gleitende Durchschnitt verändert sich ständig und ergibt dabei einen Kurs, der langsam schwankt und der einen generellen Trend abbildet.

Gebildet wird der gleitende Durchschnitt aus einem Durchschnittswert. Die Abkürzung MA wird oftmals mit einer Zahl versehen, zum Beispiel MA20. Diese Zahl steht für die Anzahl der Tage, die der gleitende Durchschnitt anzeigt. Am Beispiel des MA20 erklärt, ergibt sich der gleitende Durchschnitt aus dem Durchschnitt der letzten 20 Tage. Dieser Durchschnittswert wird jeden Tag errechnet. Dabei wird mit jedem weiteren Tag der älteste Tag durch den neuesten Tag ersetzt.

Damit ergibt sich ein Kurs mit einer gewissen, sanften Schwankung. Dieser zeigt dann den Trend der Aktie, während der aktuelle Kurs der Aktie viel stärker schwankt und sich zwar nicht immer, aber oftmals, mit dem MA kreuzt.

Üblicherweise werden gleitende Durchschnitte als MA20, 50 oder 200 angezeigt. Sie beziehen sich also auf die letzten 20, 50 oder 200 Tage. Man kann aber auch andere MAs verwenden. Um etwas Sinnvolles abzulesen, sollte man aber nicht unter 9 Tage gehen.

MA allein bringen nicht viel, man muss sie immer gegen den normalen Kurs der Aktie vergleichen. Dann kann man jedoch allgemeine Entwicklungen mit dem aktuellen Geschehen vergleichen. So kann man eine steigende Aktie entdecken, deren Anstiegsrate schwankt. Man kauft diese Aktie, wenn sie abflacht, und stößt sie ab, wenn sie nach einem starken Anstieg erneut abflacht. Dazu aber später mehr.

Trendkanäle sind eine weitere sehr wichtige Information für Daytrader. Sie geben Einblick in einen Trend und sie setzen verwertbare Grenzen. Der Trendkanal erlaubt es damit, wichtige Entscheidungen auf den Wert genau zu fällen.

Einen Trendkanal kann man als einfachen oder doppelten Trendkanal entwerfen. Der einfache Trendkanal wird zwischen den Hochs und den Tiefs eines Aktienkurses gebildet. Dazu sucht man sich zwei repräsentative Hochs und bildet eine Linie, die beide Hochs verbindet und sich weiter fortsetzt. Dann sucht man sich zwei repräsentative Tiefs. Diese werden mit einer Linie verbunden, die sich wiederum fortsetzt. Zwischen den beiden Linien hat man den sogenannten Trendkanal und die Aktie sollte zwischen beiden Linien schwanken.

Ein doppelter Trendkanal arbeitet mit 4 Hochs und Tiefs. Erst bildet man eine Linie für die Hochs, indem man zwei davon verbindet und dann bildet man eine zweite Linie mit zwei weiteren Hochs. Das Gleiche wiederholt man mit den Tiefs.

Der doppelte Trendkanal kann einen Chart mitunter unübersichtlich machen, doch er bietet mehr Sicherheit. Ein Trendkanal ist umso genauer, je repräsentativer die gewählten Hochs und Tiefs sind. Zeichnet man also zwei Hoch- und zwei Tieflinien, dann ist die Wahrscheinlichkeit einfach größer, dass diese auch repräsentativ sind.

Daytrading ist für Fortgeschrittene. Diese haben die nötige Übung und Erfahrung, um mit solch komplizierten Bildern umzugehen. Anfänger sollten mit dem einfacheren mittel- oder langfristigen Trading anfangen und sich dann langsam zum Daytrading vorarbeiten, so sie denn Daytrading betreiben wollen. Dann bekommt man auch das richtige Auge für einen Chart mit Kerzen, MAs, Trendkanälen und einem zweiten und dritten derartigen Chart. Gute Daytrader vergleichen nämlich immer mehrere Charts. So verwenden sie von der gleichen Aktie einen Monats-, einen Wochen- und einen Tageschart. Jeder davon mit Kerzen, MAs und vielleicht auch noch dem einen oder anderen Trendkanal.

Wichtige Regeln im Trading

Die verschiedenen Tradings haben im Grunde genommen verschiedene Anforderungen, aber es gibt so Einiges, was sie gemein haben. Als Erstes unterscheiden sie sich erheblich von einem Job. Wer vom Trading leben will, muss sich dessen in mehrfacher Hinsicht bewusst sein. Es gibt kein berechenbares Einkommen, aber dafür hat man ein Verlustrisiko.

Trading sollte man nicht mit dem Daytrading beginnen. Das einfachste Trading ist das langfristige Trading. Das hat verschiedene Gründe. Als Erstes braucht man beim langfristigen Trading keine umfangreichen Kenntnisse der Charts. Alles was man braucht, ist etwas gesunden Menschenverstandes. Solange man sich an die Aktien der großen Firmen hält, wird man damit auch keinen Verlust machen. Selbst, wenn die Aktie einmal einbricht, sie erholt sich auch wieder. Dank des langen Haltens der Aktien werden Verluste oftmals nicht verbucht, denn man verkauft die Aktie einfach erst dann, wenn sie wieder gestiegen ist.

Hat man mit dem langfristigen Trading begonnen und fühlt man sich damit einigermaßen Wohl, dann kann man zum mittelfristigen Trading übergehen. Dafür braucht man dann schon Grundkenntnisse der Charts, doch man kann im Zweifelsfall Aktien, die eingebrochen sind, einfach länger halten, bis sie sich erholt haben.

Härter wird es mit dem Daytrading. Eine eingebrochene Aktie zu halten, heißt hier, sein Geld zu binden. Daher stößt man sie wieder ab und akzeptiert den Verlust. Aus diesem Grund sollte man sich sehr gut auskennen und unbedingt die Charts verstehen, denn sonst fährt man zu schnell zu viele Verluste ein.

Lang- und mittelfristiges Trading kann man neben dem Job betreiben. So kann man sich in die Materie einarbeiten und weiterhin Geld verdienen. Daytrading dagegen verlangt, dass man viel Zeit damit verbringt. Es ist also sehr viel aufwendiger und man kann es oftmals nicht neben dem Job betreiben.

Hier fangen die ersten Regeln an. Für Leute mit wenig Zeit und wenig Erfahrung ist das langfristige Trading das Richtige. Für Leute mit sehr viel Zeit und sehr viel Erfahrung ist das Daytrading eine echte Chance auf gute Profite. Für Leute dazwischen empfiehlt sich das mittelfristige Trading.

In einem Job hat man ein gesichertes Einkommen. Als Trader nicht. Gleichzeitig riskiert man in einem Job keinen Verlust. Selbst, wenn man seinen Job verliert, bedeutet das nur, dass es kein weiteres Einkommen gibt. Wenn man jedoch als Trader verliert, ist echtes Geld weg. Daraus ergibt sich schon die nächste Regel. Man sollte nur das Geld verwenden, das man im schlimmsten Fall auch verlieren kann.

Als Trader, und mehr noch als Daytrader, hat man einen sehr gefährlichen Feind: sich selbst. Daher ist es wichtig, sich selbst Regeln zu setzen und diese Regeln auch zu befolgen. Das beginnt mit damit, wie viel Geld man bereit ist, zu investieren. Als Daytrader kommt noch hinzu, wie viel man bereit ist, zu verlieren und wie lange man bereit ist, die Aktien zu halten.

Es ist falsch, mehr Geld in Aktien zu stecken, als man verkraften kann. Wer seine nächste Miete nicht zahlen kann, ist nicht nur raus aus seiner Wohnung, sondern auch raus aus dem Geschäft. Man sollte also sein Geld so einteilen, dass man auch nach einem Verlust überlebt. Mehr noch, auch nach einem Verlust sollte genug Geld übrig sein, damit man es wieder versuchen kann. Der Verlust war eine wertvolle Lektion, doch wenn man diese Lektion nicht verwenden kann, weil man kein Geld für einen neuen Versuch hat, dann war es schon den ersten Verlust nicht wert.

Daytrader setzen auf schnelle Gewinne. Wenn man hier kein Verlustlimit für eine einzelne Aktie hat, dann hält man eine Aktie zu lange. Das Gleiche gilt, wenn es kein Zeitlimit gibt. Die Folge aber ist, dass man sein Geld zu lange bindet. Man kann es also nicht mehr verwenden, um neue Profite zu erwirtschaften. Daher ist es besser, aus einer fallenden oder stagnierenden Aktie schnell wieder herauszukommen, damit man mit anderen Aktien einen Gewinn erwirtschaftet.

Als Trader kann man sehr schnell zu gierig werden. Dann trifft man übereilte und damit unüberlegte Entscheidungen. Auch hier muss man sich selbst Grenzen setzen. Wie viel Zeit ist man bereit, zu investieren? Wie viele Aktien möchte man kaufen?

Bevor man eine Aktie kauft, sollte man diese Aktie überprüfen. Für den langfristigen Trader heißt das, sich in einem Linienchart die letzten Jahre der Aktie anzusehen. Für einen mittelfristigen Trader bedeutet es, sich die letzten Monate oder das letzte Jahr anzeigen zu lassen. Daytrader sollten auf zwei Charts schauen. Der eine sollte das letzte Jahr und der andere die aktuelle Woche anzeigen. Damit kann man den allgemeinen Trend und die aktuellen Entwicklungen entdecken. Wichtig ist, als Anfänger bei allen drei Arten des Tradings, mit dem Trend zu arbeiten. Es nützt nichts, eine Aktie, die fällt, zu kaufen und dann auf den nächsten Anstieg zu hoffen.

Für einen langfristigen Trader bedeutet dies, einen allgemeinen Anstieg seiner Aktie zu entdecken. Für den mittelfristigen Trader sollte die Aktie möglichst steil ansteigen. Für den Daytrader sollte die Aktie generell ansteigen, doch dabei kann sie gern oft und stark schwanken.

Nun besteht die Chance, dass man verliert. Gut, dann ist das eigene Geld verloren. Das sollte einen aber auch nicht lähmen. Wichtig ist es, eine solide Aktie mit einem soliden Trend zu finden. Diese Aktie kann man dann kaufen und man wird sehen, dass sie sich auch weiterhin gut entwickelt. Vorsicht ist gut, Lähmung ist nicht gut. Am besten sucht man sich die Aktie, die einfach zu gut ist, um sie zu ignorieren.

Man sollte auch nicht versuchen, perfekt zu sein. Viele Anfänger wollen den Tiefpunkt für den Kauf und den absoluten Höchstkurs für den Verkauf finden. Das ist aber Quatsch. Dadurch läuft man nur Gefahr, dass man die Aktie zu lange hält. Egal, ob man nun lang-, mittel- oder kurzfristig handelt, man sollte sich vorher über Kaufs- und Verkaufswerte Gedanken machen. Dazu kann man die Aktie allgemein anschauen und einen anständigen Wert für den Kauf annehmen. Dann bestimmt man den Wert, bei dem man sie verkaufen will. Jetzt folgt man einfach seiner eigenen Festlegung. So macht man tatsächlich einen Gewinn. Ansonsten hält man die Aktie und hält sie und hält sie, anstatt damit wirklich einen Gewinn auf seinem Bankkonto zu erhalten.

Der Lernprozess

Trading ist ein Beruf und ein eigenes Handwerk. Wie ein Beruf oder wie ein Handwerk, so muss man auch das Trading erst einmal erlernen. Dazu gibt es mehrere Wege. Der beste Weg jedoch ist, sich Schritt für Schritt vorzuarbeiten.

Der erste Schritt ist der des Informierens. Man sollte mehr als nur ein Buch zu dem Thema kaufen und auf mehr als nur einer Webseite lesen. Der Grund dafür ist einfach. Das Lesen bringt das theoretische Wissen. Dieses ist die Grundlage für jede spätere Praxis. Jedes Buch wiederum bringt einen neuen Blickwinkel. Bücher wiederum bieten gut recherchiertes und tief gehendes Wissen. Man ist also in guten Händen. Webseiten erweitern dieses Wissen, nicht unbedingt, weil sie mehr oder auch nur eine vergleichbare Tiefe bieten, sondern wegen der Blickwinkel, die sie liefern. Jeder Autor, sei es in einem Buch, sei es auf einer Webseite, hat seinen eigenen Blickwinkel. Dieser reflektiert die gemachten Erfahrungen und die Ansichten der Autoren, die besagter Autor selbst zuvor einmal gelesen hat. Um also wirklich ein umfängliches Wissen zu erhalten, braucht man mehrere Quellen mit mehreren Ansichten.

Aus dem angebotenen theoretischen Wissen kann man sich schon eine oder zwei Möglichkeiten herausschauen. Das sollten die Vorgehensweisen sein, die man am besten verstanden hat und einem am meisten liegen. Ist auch das geschafft, dann wird es Zeit, einen Moment innezuhalten.

Was viele falsch machen, ist, dass sie das Trading nicht als Lernprozess begreifen. Sie wollen sofort mit Profit starten. Das jedoch ist so nicht unbedingt möglich. Viel besser ist es, unter dem Blickwinkel der Risikominimierung zu starten. Anstatt also auf Profit aus zu sein, sollte man sein Risiko kleinhalten. Das hat zwei Gründe. Je größer ein Profit, desto größer ist das Risiko, das damit zusammenhängt. Wenn man einen Fehler macht, hat man einen großen Verlust eingefahren und wird sehr wahrscheinlich aufgeben. Kleine Risiken bringen zwar nur kleine Profite, doch sie schonen auch im Falle eines Verlustes den Geldbeutel. Anfänger jedoch haben eine wesentlich höhere Wahrscheinlichkeit, einen Fehler zu begehen, als eine gute Entscheidung zu fällen.

Jeder durchgeführte Handel ist eine Erfahrung. Um erfolgreich zu sein, braucht man möglichst viel Erfahrung. Der vorsichtige Händler mag mal richtig und mal falsch liegen, doch er sammelt Erfahrung. Mit der Erfahrung bewaffnet, kann er dann die riskanteren Geschäfte beginnen und wirklich einen Profit erwirtschaften. Der unvorsichtige Händler ist mal erfolgreich und gewinnt und mal nicht erfolgreich. Als Anfänger ist die Chance auf einen Erfolg jedoch geringer, als die Wahrscheinlichkeit eines Verlustes. Kurz, ein unvorsichtiger Anfänger wird schnell mehr verlieren, als er gewinnt. Irgendwann ist der Verlust dann zu groß und er steigt aus dem Trading aus. Er wird also nicht erfolgreich.

Der erfolgreiche Händler fängt also klein und vorsichtig an. Ebenso setzt der erfolgreiche Händler nur so wenig Geld ein, dass er nach einem Verlust nicht nur überlebt, sondern auch noch weiter handeln kann. Der Verlust war schließlich eine Erfahrung und diese Erfahrung bringt nur dann etwas, wenn man daraus lernen und weitermachen kann. Man braucht also eine finanzielle Reserve, die groß genug ist, die Anfangsphase zu überleben.

Anfänger sollten nur selten einen Trade durchführen. Das gibt ihnen zwei Vorteile. Als Erstes können sie vor dem Trade diesen gründlich durchdenken. Man hat Zeit, zu recherchieren und die Risiken und den möglichen Profit gegeneinander abzuwägen. Damit sinkt nicht nur das Risiko erheblich, man erlernt auch das Handwerk. Man lernt, wie und wo man recherchiert. Man lernt, die Charts abzulesen und man lernt, Anzeichen für eine Entwicklung, sei sie nun gut oder schlecht, zu erkennen.

Der zweite Vorteil ist, dass man nach dem Handel alles noch einmal durchdenken kann. Egal, ob man einen Verlust oder einen Gewinn gemacht hat, das wirkliche Ziel ist Erfahrung. Diese ist aber auch nur dann nützlich, wenn man das Geschehen nachher analysieren kann. Wer selten handelt, kennt noch die Schritte, die er durchgeführt hat. Er kann sich an die Anzeichen erinnern und was wie zusammenhing. Jetzt kann man einen erfolgreichen Handel wiederholen, indem man genauso vorgeht oder leichte Verbesserungen vornimmt, oder man kann einen Fehler erkennen und beim nächsten Mal vermeiden.

Als Nebeneffekt senken seltene Trades die Verluste. Da man nur selten Geld riskiert, kann man auch nur selten etwas verlieren. Insgesamt gesehen kann man einfach nicht so viel verlieren. So hat man maximalen Lernerfolg bei minimalem Risiko.

Ein weiterer Nebeneffekt ist, dass man seine Emotionen unter Kontrolle halten kann. Langsames und methodisches Vorgehen erlaubt es, dass der Verstand die Oberhand behält. Gefühle bringen auf dem Aktienmarkt nichts. Nur eiskalte und knallharte Analysen schaffen den Erfolg. Wer aber zu hektisch ist, hört nur noch auf seinen Bauch, anstatt auf seinen Verstand.

Weiterhin erlauben seltene Trades es, nur die wirklich guten und vielversprechenden Aktien zu verwenden. Man hat schließlich Zeit. Man kann abwägen. Man muss nicht schnell irgendeinen Handel durchführen. Daher bringt dies auch noch einmal mehr Sicherheit.

Hat man sich diese Dinge bewusst gemacht und sich genügend gebildet, dann wird es an der Zeit, nicht ernst zu machen. Ja, das ist kein Druckfehler. Es ist an der Zeit, NICHT ernst zu machen. Man nehme sich jetzt ein Stück Papier, oder besser ein Notizheft, und notiere seine Trades. Damit beginnt man komplett risikolos seine Fähigkeiten zu trainieren. Man muss aber absolut ehrlich zu sich sein. Man sucht sich dann eine Aktie aus, schreibt den Wert auf, bei dem man sie gekauft hätte und beobachtet diese Aktie für eine Weile. Man wendet die Strategien an, die man sich vorher ausgesucht hat, und schaut, ob man damit einen Profit auf dem Papier erwirtschaftet.

Ist das Paper-Trading erfolgreich, dann wird es Zeit, für den nächsten Schritt. Auch dieser Schritt riskiert noch kein Geld. Für den Kauf, das Halten und den Verkauf von Aktien braucht man nämlich einen Platz, um diese Aktien aufzubewahren. Das geht aber nicht daheim oder in der Brieftasche, dazu braucht man schon ein Aktiendepot. Dieses kann man auf verschiedenen Wegen bekommen, doch dazu später mehr. Hier soll es reichen, dass man sich ein Depot online anlegt. Das ist nämlich kostenlos als Musterdepot möglich. Also noch mal, man legt sich ein Musterdepot an.

Ein Musterdepot erlaubt es, ohne den Einsatz von Geld Aktien zu handeln. Natürlich handelt man damit keine echten Aktien und man macht keinen Profit, doch man verliert kein Geld. Man kann mit echten Aktien und echten Kursen einen angenommenen Handel durchführen. Diese Art des Handels kommt der Realität am Nächsten. Hier macht man seine echten Erfahrungen und bekommt die nötigen Fertigkeiten und Fähigkeiten. Ist man auch hier erfolgreich, dann beginnt das echte Trading.

Das erste echte Trading aber, daran sei hier noch einmal erinnert, sollte unter dem Blickwinkel der Risikominimierung beginnen, damit man möglichst lange Erfahrungen sammeln kann, bevor man sich an die wirklich profitablen Trades macht.

Das langfristige Trading

Langfristiges Trading kann man auf drei Arten beziehungsweise mit drei Zielsetzungen betreiben: als Anlage, als Vermögensabsicherung oder als Einstieg in das mittel- beziehungsweise kurzfristige Trading. Bevor man anfängt, sollte man sich also als Erstes klar darüber sein, was man wirklich will.

Das Einfachste ist das langfristige Trading als Vermögensabsicherung. Hierbei geht es nicht so sehr um das Erwirtschaften eines großen Gewinnes, sondern um das Verhindern eines Verlustes. Mit der heutigen Zinspolitik schrumpfen die Vermögen der Sparer nämlich. Die Zinsen, die ein Sparguthaben erwirtschaftet, sind kleiner als die Inflationsrate. Damit frisst die Inflation den Wert des Sparguthabens langsam auf. Ein Ausweg bietet der Kauf der Aktien. Diese steigen allgemein in ihrem Wert, sodass ein Absinken des Vermögenswertes verhindert wird.

Wer auf eine Vermögensabsicherung aus ist, hat meistens nicht so wirklich den Einblick in das Börsengeschehen, doch das ist kein Problem. Man kann einfach zu seiner Hausbank gehen. Diese wird eine Beratung hinsichtlich des Aktienkaufes durchführen und dort kann man sich auch sein Depot anlegen. Die Bank kann dann auch das Kaufen und Verkaufen der Aktien vornehmen. Man gibt nur seine dementsprechenden Wünsche seinem Berater in der Bank bekannt.

Bevor man aber ein Depot anlegt, sollte man sich umfassend beraten lassen und diese Beratung hinterfragen. Dies kann man durch eine eigene Recherche tun oder indem man sich noch einmal woanders beraten lässt. Ist man mit den Informationen zufrieden, dann wählt man sich ein Aktienpaket mit Papieren, die eine relativ große Sicherheit bieten, auch wenn sie dabei nur kleine Gewinne abwerfen. Auch die kleinen Gewinne sind allemal mehr, als die Zinsen für ein Sparguthaben. Schon hat man seine Vermögensabsicherung betrieben.

Wer Aktien und Wertpapiere als Anlage kaufen möchte, der muss sich zumindest etwas informieren. Dazu kann man wiederum die Beratung in der Bank nutzen oder man schaut sich im Internet um. Der beste Weg ist beides in Anspruch zu nehmen. Das Ziel als Anlage ist es, einen ordentlichen Profit zu erwirtschaften, wobei das Risiko noch im Rahmen bleibt. Dazu muss man zumindest die Wunschaktien kennen und die Unternehmen recherchiert haben. Es geht schließlich darum, die Entwicklung der nächsten Jahre vorauszusehen.

Für eine Anlage kann man auch das Depot in einer Bank nutzen. Dieses ist jedoch verhältnismäßig teuer und schlägt mit bis zu 30 € pro Jahr zu Buche. Bei einer großen Anlagesumme macht das nichts aus, bei kleineren Anlagen jedoch kann das schon am Profit zehren. Alternativ kann man sich ein Depot in einer Onlinebank oder einer Onlinebörse anlegen lassen. Diese Depots sind im Allgemeinen kostenlos.

Wer das langfristige Trading als Einstieg in das mittel- oder sogar kurzfristige Trading nutzen möchte, der wird um zwei Dinge nicht herumkommen. Als Erstes braucht dieser Trader Wissen. Man kann zwar noch immer die Beratung einer Bank in Anspruch nehmen, doch eine vollumfängliche Recherche im Internet ist unumgänglich.

Zweitens sollte man sich ein Onlinedepot zulegen. Gerade am Anfang machen kürzere Trades keinen großartigen Gewinn. Hier sind die Depotgebühren einer Bank einfach eine empfindliche Belastung. Damit nicht genug. Jeder Trade in einer Onlinebörse kostet eine Gebühr. Diese Gebühren sind recht unübersichtlich. Sie setzen sich aus Mindest- und Höchstgebühren, einem Festgeldbetrag und einem prozentualen Anteil an der gehandelten Summe zusammen. Es lohnt sich jedoch, sich durch den Gebührendschungel zu kämpfen. Gerade als Daytrader handelt man viel und oft. Da bringt jeder Cent weniger an Gebühr schnell einen erheblichen Vorteil.

Ist das Depot erstellt, dann geht es an die ersten Aktienkäufe. Dazu schaut man sich den Trend der Aktie über das letzte Jahr und den Trend über die letzte Woche hinweg an. Auch als langfristige Anlage oder als Vermögensabsicherung braucht man kein Geld zu verschwenden.

Man nimmt sich eine bekannte Aktie, die immer steigt. Das kann jede Aktie im DAX sein oder eines anderen, ähnlich großen Unternehmens. Diese Aktie kauft man dann, wenn sie sich an einem relativen Tiefpunkt im Wochen- oder Tagesvergleich befindet. Ebenso geht man wieder beim Verkauf vor, nur dass man sich den relativen Höchstpunkt heraussucht. Damit ist der Handel für die Vermögensabsicherung und die Anlage getätigt. Für den angehenden Daytrader jedoch empfiehlt es sich, immer wieder einen Blick auf die Aktie zu werfen. So bekommt man ein Gefühl für die Kurse und Entwicklungen. Dieses Gefühl kommt einem dann später zu Hilfe.

Das mittelfristige Trading

Das mittelfristige Trading ist vor allem für zwei Arten von Tradern interessant: das Erste sind die, denen das langfristige Trading zu langweilig und das Daytrading zu aufwendig oder zu riskant ist und die andere Art sind diejenigen, die sich zum Daytrader hocharbeiten wollen.

Egal, welcher der beiden Arten man angehört, man sollte jetzt schon über ein Depot verfügen. Dieses sollte ein Onlinedepot sein, um die Depotgebühren zu sparen. Ebenfalls sollten die Gebühren für einen Handel entsprechend niedrig sein.

Ein mittelfristiger Trader wird nicht umhinkommen, sich über den Markt zu informieren. Nur so kann man einen Überblick über die Entwicklungen behalten und wichtiger noch, die zukünftigen Entwicklungen voraussehen.

Wer sich als Anfänger an das mittelfristige Trading wagt, sollte langsam und vorsichtig vorgehen. Anstatt auf Viele, sollte man auf wenige Aktien setzen. Anstatt oft einen Handel durchzuführen, sollte man es nur hin und wieder tun. Man kann das alles später noch beschleunigen, wenn man über ausreichend Erfahrung verfügt.

Wichtig für einen mittelfristigen Trader ist es, sich über die Unternehmen selbst und über deren Aktienkurse zu informieren. Die Charts sind also sehr wichtig, doch sie allein reichen nicht aus. Man sucht sich Aktien, deren Kurse in den Charts nach oben gehen und deren Unternehmensnachrichten vielversprechend klingen. Allzu große Unternehmen sind nicht empfehlenswert, denn diese steigen einfach zu langsam. Kleinere und noch junge Unternehmen sind interessanter.

Das Gefährlichste für einen mittelfristigen Trader ist das sogenannte Pumping. Dabei wirft ein Unternehmen, das noch nicht lange am Markt ist, mit Nachrichten über Investitionen und Projekten um sich und bläht damit den Aktienkurs künstlich auf. Da der mittelfristige Unternehmer auf kleinere und jüngere Unternehmen aus ist, besteht hier eine echte Gefahr, solch einem Pumping aufzusitzen. Daher sollte man die Unternehmensnachrichten mit denen anderer Unternehmen vergleichen. Die Faustregel ist, was zu gut klingt, um wahr zu sein, ist meistens auch nicht wahr.

Die Grenzen zwischen dem Daytrading und dem mittelfristigen Trading sind fließend. Daher lohnt es sich für jeden, der etwas mehr im Bereich des mittelfristigen Tradings unterwegs sein möchte, auch die folgenden Kapitel über das Daytrading genauer zu studieren.

Daytrading

Das Daytrading ist zwei Dinge zugleich: es ist sowohl das gewinnbringendste als auch das riskanteste Trading. Das liegt in der Natur des Daytradings begründet. Als Daytrader handelt man Aktien oft und schnell und das mit der Zeit mit immer größeren Summen.

Um die Risiken eines Daytraders zu verstehen, muss man ihn nur mit einem langfristigen Trader vergleichen. Beide kaufen eine Aktie. Der Wert der Aktie fällt jedoch kurz danach. Was wird geschehen? Der langfristige Trader wird die Aktie einfach weiter halten. Diese wird wieder steigen und er wird dann eben etwas später einen Gewinn damit machen. Der Daytrader jedoch wird die Aktie abstoßen und damit einen Verlust einstecken. Warum? Wenn er die Aktie nicht abstößt, dann bleibt sein Geld gebunden. Gleichzeitig jedoch könnte er Gewinne mit anderen Aktien machen. Daher wird ein Daytrader eine Verlustaktie verkaufen, den Verlust hinnehmen und anderweitig einen Gewinn erwirtschaften.

Weitere Gründe für die hohen Risiken sind die schnellen und vielen Entscheidungen. Die Gewinne, die ein Daytrader pro Trade erwirtschaftet, sind nicht so hoch. Er macht nur einen guten Schnitt, wenn er viele Trades durchführt. Dabei bleibt aber oftmals keine Zeit, um wohlüberlegte Entscheidungen zu fällen. Ebenso ist es schwer, die riesige Menge an Informationen, die mit vielen Entscheidungen verbunden sind, zu verarbeiten. Daher setzen Daytrader auf vereinfachte Strategien. Diese arbeiten mit einem Minimum an Informationen.

Anstatt sich also lang und breit über ein Unternehmen zu informieren, schaut der Daytrader nur auf die Charts und entscheidet nach deren Aussehen. Dabei verwendet er zwar verschiedene Informationen, doch es bleibt dabei, dass er seine Entscheidungen einzig auf dem historischen Kurs begründet, fällt.

Schnelle Entscheidungen, viele Entscheidungen, das bringt Stress und es bringt die Gefahr, dass die Emotionen überkochen. Auch hier muss ein Daytrader stark an sich arbeiten, um sich selbst die ganze Zeit unter Kontrolle zu halten.

Das Daytrading ist riskant, dennoch ist es der Traum der meisten Trader. Das hat einen sehr einfachen Grund. Das Daytrading ist sehr profitabel, wenn man es richtig macht. Die Rechnung ist sehr einfach. Man vergleicht einen Profit von 100 % mit einer Aktie über ein Jahr hinweg, mit einem Profit von 1% pro Tag. Welcher der beiden gewinnt mehr? Der mit dem 1 % pro Tag. Damit nicht genug. Es ist nämlich auch nicht so leicht, eine Aktie zu finden, die 100 % über ein Jahr hinweg wächst. Die Aktien schwanken mehr oder weniger permanent und bringen dann über das Jahr verteilt vielleicht 20 % mehr. Als Daytrader jedoch kann man mit den Schwankungen jeden Tag einen kleinen Profit erzielen. Addiert ergibt das dann weit mehr, als den großen Profit einer Aktie über Jahre hinweg.

Die Risiken, denen ein Daytrader ausgesetzt ist, lassen sich mit ausgeklügelten Strategien begegnen. Diese Strategien zielen direkt auf die Risiken ab, die mit dem Daytrading verbunden sind.

Da ein Daytrader den Verlust einer Aktie als eigenen Verlust mitnehmen muss, entwickelt er gewisse Vorsichtsmaßnahmen, mit denen er Gefahren eher erkennen kann.

Da ein Daytrader eine große Menge an Wertpapiere überschauen muss, beschränkt er sich auf die wesentlichen Informationen.

Da ein Daytrader schnell Entscheidungen fällen muss, fällt er diese oftmals in Ruhe schon vor dem Handel. Anstatt also die Situation auf sich einstürzen zu lassen, benutzt der Daytrader einen Plan. Er sucht sich ein Set-up, findet die entsprechende Aktie, bestimmt nach seinen Kriterien den Einstiegs- und den Ausstiegspreis und handelt danach. Das alles geschieht aufgrund von Erfahrung sehr schnell. Damit wird der Situation der Stress entzogen.

Ein Daytrader macht Verluste und ein Daytrader macht Gewinne. Ein erfolgreicher Daytrader macht mehr Gewinne, als er Verluste einfährt. Das ist es, worauf die Daytrader abzielen. Sie wollen in 75 % der Fälle einen Profit und akzeptieren dabei in 25 % der Fälle einen Verlust.

Für einen Daytrader ist es auch ein absolutes Muss, ein Depot bei einer Onlinebörse zu unterhalten und für sein Depot einen Anbieter mit möglichst geringen Transaktionskosten zu wählen. Schließlich wird ein Daytrader viele Aufträge eingeben müssen und er wird pro Auftrag nur wenige Prozente an Gewinn einstreichen.

Das Depot muss online sein. Nicht nur ist ein Onlinedepot kostenlos, viel wichtiger, ein Onlinedepot ist rund um die Uhr erreichbar. Man kann einfach per Internet seine Aufträge eingeben und diese werden sofort ausgeführt.

Ebenso bieten Onlinebörsen, wo man solche Onlinedepots eröffnen kann, eine sehr hohe Aktualisierungsrate. Die Kurse werden mehrmals pro Sekunde auf den neuesten Stand gebracht. So kann man augenblicklich eine Chance sehen und zuschlagen.

Daytrading Set-ups

Das Wichtigste für einen Daytrader sind die Daytrading Set-ups. Diese Set-ups sind Strategien, wie man an der Börse vorgeht, doch sie sind auch noch viel mehr als das. Sie enthalten die Merkmale, an denen man die richtigen Aktien erkennt, also die Aktien, die einen guten Profit versprechen. Sie enthalten auch die Merkmale, die eine günstige Situation für einen Kauf und für einen Verkauf anzeigen. Kurz, die Set-ups erlauben es den Daytradern, auch unter Zeitdruck eine große Anzahl an Informationen zielgerichtet zu durchsieben, und entsprechend dem Gefundenen zu agieren.

Der Ausstieg

Auch wenn es seltsam klingt, bevor man auch nur an einen Einstieg in eine Aktie denkt, muss man sich Strategien für den Ausstieg zurechtlegen. Damit verhindern Daytrader, dass die Verluste zu groß werden. Ebenso wird verhindert, dass das Geld zu lange in der falschen Aktie steckt und nicht gewinnbringend verwendet werden kann. Da man in der Hitze des Gefechts oft eine Fehlentscheidung trifft, muss man die Rahmenbedingungen für seinen Ausstieg und die auslösenden Faktoren schon vorher festlegen.

Das Erste und Wichtigste ist die sogenannte Stop Loss Order. Diese Order kann direkt mit einem Kauf- oder Verkaufsauftrag zusammen übermittelt werden. Die Stop Loss Order enthält den Betrag, den man zu verlieren bereit ist. Wird dieser Betrag überschritten, dann wird die Aktie automatisch abgestoßen. Damit kann man die Verluste auf ein akzeptables Maß begrenzen. Das Geld steht einem dann danach wieder für neue Trades zur Verfügung.

Für Anfänger ist eine Stop Loss Order besonders wichtig. Zwar sollte man als Anfänger nicht unbedingt mit dem Daytrading starten, aber wer sich nicht stoppen kann, muss eben seine Verluste stoppen. Anfänger neigen dazu, eine Aktie, die einen Verlust einfährt, einfach weiter zu halten. Damit aber sind sie keine Daytrader mehr. Das Geld, das in dieser Aktie steckt, steht einem nicht zur Verfügung. Ebenso ist es fraglich, ob sich die Aktie wieder erholt und wie lange es dauern mag. Die Anfänger werden einfach untätig zuschauen und der Verlust wird sich aufbauen. Eine Stop Loss Order verhindert dies.

Es gibt aber auch einige erfahrene Trader, die keine Stop Loss Order mögen. Der Grund ist ganz einfach. Sie wollen keine Verluste realisieren. Was bei alten Hasen vielleicht funktioniert, weil sie über die nötige Erfahrung und Finanzmittel verfügen, kann einen Anfänger schnell erledigen.

Man kann eine Stop Loss Order auch aus einem anderen Blickwinkel betrachten. Man geht in eine Aktie, um einen Gewinn zu erzielen. Wenn aber der Verlust zu groß wird, wie wahrscheinlich ist es dann, dass diese Aktie noch einen Gewinn einfahren kann? Wenn man aber sein Gewinnziel nicht mehr mit dieser Aktie erreichen kann, dann sollte man auf eine andere setzen.

Manch einer sagt sich, eine Stop Loss Order ist nicht nötig. Das liegt auch daran, dass Stop Loss Order oftmals eine höhere Gebühr aufweisen, als ein einfacher Auftrag. Sie wollen dann einfach unmittelbar einschreiten, wenn die Aktie fällt. Das Problem ist aber, dass man nur allzu schnell in eine Starre verfällt. Anstatt aktiv zu werden, will man lieber noch eine Minute warten. Wer weiß, vielleicht erholt die Aktie sich ja. Die Folge ist aber meistens ein nur noch höherer Verlust.

Eine Stop Loss Order zwingt einen Trader ganz einfach, seinen Verlust einzusehen und seine Gewinne woanders zu suchen, wo sie noch immer möglich sind. Damit ist eine Stop Loss Order ihren höheren Preis ganz einfach wert.

Bevor man eine Aktie kauft, sollte man sich ein Gewinnziel setzen. Dieses Gewinnziel ist je nach Aktie und Umständen unterschiedlich, doch mit ein wenig Erfahrung gelingt es einem Trader, eine realistische Gewinnerwartung aufzubauen.

Die Aktie sollte unbedingt verkauft werden, wenn das Gewinnziel erreicht ist. Natürlich wollen gerade Anfänger die Aktie dann noch immer halten, denn sie steigt ja weiter. Doch das Problem ist in einem solchen Fall gleich doppelt. Zum einen kann man den Scheitelpunkt des Kurses verpassen und dann geht es bergab. Zum anderen nützt es gar nichts, das Geld in einer Aktie zu belassen. Es ist besser, das Geld herauszuziehen, um es dann in eine andere, aufsteigende Aktie zu stecken.

So, wie es eine Stop Loss Order gibt, so gibt es auch eine Stop Order für den Gewinn. Dies ist die Kursziel-Limit-Order. Diese kann man ebenfalls direkt mit dem Kaufantrag übermitteln. Dann kann man den Trade laufen lassen und am Ende die Gewinne automatisch einstreichen.

Wie gesagt, das Daytrading lebt von Kursschwankungen. Daher sollte man eine weitere Vorsichtsmaßnahme einbauen. Dazu definiert man einen Zeitstopp. Manchmal kommt es vor, dass eine Aktie keine starken Ausschläge hat. Damit werden dann weder die Kursziel-Limit-Order noch die Stop Loss Order ausgelöst. Die Aktie dümpelt einfach vor sich hin, ohne sich nach oben oder nach unten zu entwickeln. Nun könnte man diese Aktie bis zum Sankt-Nimmerleins-Tag halten, doch das bringt kein Geld. Ständig sind Aktien am Steigen. Man muss nur sein Geld in diese Aktien stecken. Eine Zeitstopp-Order sorgt dafür, dass eine Aktie, die sich nicht entwickelt, nach einiger Zeit abgestoßen wird. Damit hat man zwar keinen Gewinn gemacht, doch man hat sein Geld zurück und kann es in eine andere Aktie stecken.

Die bisher beschriebenen Ausstiegsmethoden werden mit einem Kauf- beziehungsweise Verkaufsantrag definiert und laufen danach automatisch. Es gibt aber noch zwei weitere Methoden, die dem Daytrader jedoch Einiges an Disziplin abverlangen. Diese beiden Methoden verlangen ein aktives Eingreifen. Hier muss man also eine Entscheidung mitten im Handel treffen. Manchmal jedoch lässt sich das nicht vermeiden.

Die erste Methode ist eine Trailing-Stop-Order. Dabei hat die Aktie schon einen Gewinn gemacht, doch sie kann das Gewinnziel nicht erreichen. Die Trailing-Stop-Order erlaubt es nun, aus dieser Aktie auszusteigen. Damit realisiert man den Gewinn, auch wenn er kleiner als gewünscht ist, und kann sein Geld wieder anderweitig verwenden.

Ein anderer Weg ist der Ausstieg am Markt. Das ist immer dann nötig, wenn die Aktie einfach nicht in die gewünschte Richtung geht.

Sie sinkt, doch sie steigt nicht. Hier braucht man nicht bis zum Greifen der Stop Loss Order oder der Zeitstopp-Order zu warten. Wenn man am Kursverlauf erkennt, dass die Aktie ihr Gewinnziel nicht erreichen kann, dann ist es besser, sie zu verkaufen. Der Ausstieg am Markt verkauft die Aktie zum derzeitigen Preis. Damit erlebt man zwar einen kleinen Verlust, doch dieser ist nur begrenzt. Außerdem steht einem das eigene Geld wieder zur Verfügung und man kann es mit einem neuen Trade versuchen. Der Ausstieg am Markt ist jedoch eine Notbremse und sollte mit Bedacht und kühlem Kopf verwendet werden.

9/30-Set-up

Der einfachste Tipp für einen Trader ist, mit dem Trend zu arbeiten. Das bedeutet, dass ein Trader die Aktien kaufen sollte, die steigen und dann bei deren Verkauf einen Profit einstreicht. Dabei ist es wichtig, diese Aktien zu finden, die nicht nur momentan, sondern auch weiterhin steigen. Man muss also ein Set-up finden, das den Anstieg einer Aktie entsprechend zeigt und auch einen zukünftigen Anstieg einigermaßen wahrscheinlich macht.

Das einfachste Set-up, um einen Trend ablesbar und prognostizierbar zu machen, ist das 9/30-Set-up. Damit kann man einen generellen Trend sichtbar machen und auch kurzfristige Abweichungen von diesem Trend finden. Die Abweichungen erlauben es dann, einen guten Profit zu erzielen.

Der Ansatzpunkt dieses Set-ups ist, einen längeren Zeitrahmen über einen kürzeren Zeitraum zu legen, und die bestehenden Schwankungen entsprechend zu interpretieren. Der längere Zeitrahmen zeigt dabei den Trend und der Kürzere die Abweichungen.

Die Aktie selbst hält man nur für einige wenige Tage. Dabei nutzt man dann das Tief und Hoch einer Schwankung aus. Dabei gibt es dieses Set-up aber in zwei Varianten. In der schnellen Variante nutzt man stärkere Schwankungen, während in der langsamen Variante schwache Schwankungen benutzt werden.

Man beginnt die Suche nach der richtigen Aktie mit einem Monats- oder Jahreschart und legt dazu einen Wochen- oder Tageschart. Auf dem Monats- beziehungsweise Jahreschart sucht man nach einer Aktie, die über die letzte Zeit konstant gestiegen ist. Hat man diese gefunden, dann geht man auf den Wochen- oder Tageschart.

Auf dem Wochen- beziehungsweise Tageschart legt man zwei gleitende Durchschnitte. Diese sind der MA9 und der MA30, daher auch der Name 9/30-Set-up. Wie zuvor beschrieben, ist der MA beziehungsweise der gleitende Durchschnitt der Durchschnitt, der über die vergangenen Tage hinweg gebildet wurde. Der MA9 benutzt dabei die letzten 9 Tage und der MA30 nutzt die letzten 30 Tage. Immer wird der jeweils letzte Tag durch den neuesten Tag ersetzt. Damit ergeben sich für den MA30 sanftere Schwankungen als für den MA9.

Aktien mit einem allgemein steigenden Trend zeigen dabei für den MA30 ein permanentes Ansteigen. Dieses mag mal steiler und mal sanfter sein, doch insgesamt geht es nur nach oben. Der MA9 dagegen schwankt sehr viel stärker und kreuzt mitunter auch den MA30. Manchmal schlängelt sich der MA9 regelrecht um den MA30.

Beginnen wir mit dem langen Set-up. Im langen Set-up geht der MA30 und der MA9 permanent nach oben und sie kreuzen sich nicht. Dabei liegt der MA9 über dem MA30. Für die Anzeige nutzt man den

Kerzenchart. Dieser zeigt neben dem MA9 und dem MA30 natürlich auch den aktuellen Kurs der Aktie mit ihren Kerzen an.

Das Ziel ist es, eine Abflachung des Kurses auszunutzen. Dann besteht eine höhere Chance, dass der Kurs der nächsten Tage, oberhalb des Kurses, zum Zeitpunkt des Kaufes steht. Eine solche Abflachung sieht man mit den Kerzen. Wenn der Kurs fällt, dann sind die Kerzen entweder rot oder schwarz. Wenn jetzt eine solche Kerze komplett unterhalb des MA9 liegt, dann wird es Zeit, diese Aktie zu kaufen.

Für den Kaufantrag gibt man zwei Punkte ein. Der Erste ist der Kauf ohne Preisbegrenzung. Damit erhält man schnell eine große Anzahl der Aktien. Der Zweite ist ein Kaufstopp. Für den Kaufstopp nimmt man den höchsten Wert der Kerze, die komplett unterhalb des MA9 liegt. Damit wird sichergestellt, dass man schnell viele Aktien kauft, ohne, dass der Kaufpreis zu hochkommt. Je nach Finanzmitteln kann man auch noch einen Stopp für das Volumen, die Zeit oder das verwendete Geld definieren. Ist der Kaufauftrag ausgeführt, dann wird es Zeit zu warten.

Die Aktie wird jetzt gekauft. Da bisher der Trend allgemein nach oben ging und der MA9 immer ein wenig geschwankt hat, ist es sehr wahrscheinlich, dass es bald wieder nach oben geht. Schon innerhalb von Tagen oder einer Woche kann man damit zweistellige Prozentzahlen als Gewinn erhalten. Dann wird es Zeit, die Aktie wieder zu verkaufen.

Der lange Zeitrahmen ist lang, weil die Aktie relativ wenig schwankt. Der kurze Zeitrahmen nutzt einer Aktie, deren Schwankungen wesentlich stärker sind. Das sieht man daran, dass der MA9 sich mehrfach mit dem MA30 kreuzt. Der MA30 steigt konstant, während der MA9 entweder rauf und runter geht oder sich abflacht und wieder steiler wird.

Beim kurzen Set-up beginnt der Kauf, wenn drei Dinge zusammentreffen. Als Erstes liegt der MA9 unterhalb des MA30. Als Zweites befindet sich der Tageskurs zwischen beiden gleitenden Durchschnitten. Als Drittes befindet sich die gesamte Tageskerze oberhalb des MA9, aber noch unterhalb des MA30. Die Kerze selbst sollte steigend, also grün beziehungsweise weiß sein. Der Schlusskurs liegt also über dem Eröffnungskurs. Dank des stark schwankenden MA9 sind die Chancen sehr groß, dass beide, Tageskurs und MA9, bald wieder über dem MA30 liegen.

Sind die beschriebenen Voraussetzungen erfüllt, erstellt man den Kaufantrag mit einem offenen Preis und einem Kaufstopp, der dem Wert des MA30 an diesem Tag entspricht. Dann gibt es noch einen Zeitstopp und unter Umständen einen Volumenstopp. Jetzt braucht man nur wenige Tage oder mitunter sogar nur Stunden abzuwarten. Liegt der MA9 über dem MA30 und liegt eine Tageskerze unterhalb des MA9, dann wird es wieder Zeit, die Aktie zu verkaufen. Andererseits kann man den Verkauf auch einfach beim erreichten Gewinnziel ausführen.

Der kurze Handelsrahmen hat einen erheblichen Vorteil gegenüber dem längeren Set-up. Dank der starken Schwankungen erreicht man sein Gewinnziel auch entsprechend schneller. Der Nachteil liegt darin, dass stark schwankende Aktien auch schnell abstürzen können und der beginnende Absturz wie eine der üblichen Schwankungen aussieht.

Insgesamt bietet das 9/30-Set-up erhebliche Vorteile für den Anfänger. Als Erstes ist es angesichts seines einfachen Aufbaus sehr einfach zu lernen und zu handhaben. Als Zweites braucht man keine Entscheidungen selbst zu fällen, man reagiert nur automatisch, wenn die günstige Ausgangslage eintritt. Drittens verfügt es über sehr große Gewinnaussichten.

Dank des Aufbaus mit einem MA30 für den Trend und einem MA9 für die Schwankungen ist es sehr leicht, eine passende Aktie zu finden. Man muss nur darauf achten, dass der MA30 ansteigt und der MA9 schwankt.

Gerade für vorsichtige Trader bietet das 9/30-Set-up Sicherheit. Man muss nur darauf achten, dass die gesamte Kerze entsprechend über der MA9 oder unter ihm liegt. Damit werden kleine und unwichtige Schwankungen ausgeklammert und können nicht zu Fehlentscheidungen führen.

Für Anfänger besonders wichtig ist es, zu realisieren, dass man als Daytrader die Aktien nicht lange hält. Anstatt sich also über den Anstieg der Aktie zu freuen und sie dann zu lange zu halten, muss man sich an seine Gewinnziele halten und die Aktie entsprechend verkaufen. Nur dann hat man den Gewinn auch realisiert.

15-Minuten-Set-up

Das 15-Minuten-Trading wird auch als Scalping bezeichnet. Es gehört zu den riskanten Formen des Tradings und sollte nicht von Anfängern benutzt werden. Mit der richtigen Strategie kann man jedoch die wichtigsten Entscheidungen vorverlegen und entsprechend auch unter dem Zeitdruck einen klaren Kopf bewahren. Vor der ersten

Anwendung des Scalpings sollte man es mehrfach als Paper-Trading, also mit Papier und Bleistift versuchen.

Das Scalping zielt auf die ersten 15 Minuten des Handelstages ab. Daher auch der Name

15-Minuten-Set-up. Der Handelstag beginnt nach einem Gap, nach einer Nacht ohne Handel. Daraus ergibt sich, dass die ersten 15 Minuten des Handelstages Kursanpassungen bringen. Daher schwanken die Kurse sehr stark. Das wird durch das Scalping ausgenutzt.

Man beginnt das Scalping mit der Suche nach einer Aktie mit einem guten Kurs. Das kann man vor der Eröffnung des Handelstages machen und sich dafür viel Zeit nehmen. Eine gute Aktie ist eine, die in den vergangenen Tagen einen steigenden Kurs aufwies und keine Anzeichen zeigt, dass sich dieser Trend ändert. Ein Anzeichen für eine Trendwende wären mehrere Tageskerzen hintereinander, die unterhalb des MA9 liegen.

Das Scalping bietet eine Reihe von Vorteilen. Als Erstes erlaubt es das Ausnutzen der sehr starken Kursschwankungen am Beginn des Handelstages. Als Zweites braucht man nur 16 Minuten, ja, 16 Minuten dafür, natürlich ohne die vorherige Recherche gerechnet. Die 16 Minuten unterteilen sich in 15 Minuten Beobachtung der Kursentwicklung und einer Minute handeln. Dank des geringen Zeitbedarfs ist Scalping auch für Trader geeignet, die noch einen anderen Job haben.

Für die Ausübung des Scalpings nutzt man einen Minuten- und einen Stundenchart. Diese erlauben es, die Entwicklungen sehr genau zu verfolgen. Innerhalb der ersten 15 Minuten beobachtet man die Kursentwicklung. Diese nimmt man dann, um die Limits für den

Kaufauftrag festzulegen.

Man beobachtet also während er ersten 15 Minuten und nutzt diese Zeit, um die ersten Trends abzulesen. Dann kommt die Kauforder. Die Kauforder gestaltet man ohne einen Preis mit einem Stopp einen Tick über dem Höchstkurs der ersten 15 Minuten. Man wartet eine weitere Minute und schließt diesen Auftrag wieder. Damit hat man alle Aktien eingesammelt, die sich innerhalb des Preises der ersten 15 Minuten befinden. Jetzt kann man den Computer verlassen und muss sich nicht mehr mit den Aktien befassen.

Für den Verkauf wartet man ab, bis die Aktie das Gewinnziel erreicht hat. Dann verwendet man das gleiche 15-Minuten-Set-up. Man beobachtet wieder die ersten 15 Minuten hindurch die Entwicklung und gibt seinen Verkaufsauftrag für die 16. Minute heraus. Hier setzt man einen Stopp für einen Wert, einen Tick über dem Tiefstwert der ersten 15 Minuten. Nach einer Minute schließt man den Auftrag wieder.

Für das Scalping muss man aber auch den richtigen Handelsplatz finden. Dieser muss die Aufträge entsprechend schnell ausführen und seine Kurse entsprechend oft aktualisieren. Auch ist es vorteilhaft, einen Zeitstopp definieren zu können.

Das Scalping bietet drei sehr wichtige Vorteile. Als Erstes kann man die starken Schwankungen zur Eröffnung des Handelstages ausnutzen. Damit hat man entsprechende Aussichten auf einen Gewinn, aber auch ein entsprechendes Verlustrisiko. Zweitens gestattet es das Scalping, Trades innerhalb von nur 16 Minuten zu absolvieren. Man muss also nicht viel Zeit verwenden. Als Drittes ist das Set-up sehr einfach. Damit muss man keine komplizierten Entscheidungen in der Hitze des Gefechtes fällen. Man folgt einfach nur der Strategie.

Trendkanäle

Trendkanäle wurden im Kapitel über die Chartanalyse schon einmal besprochen. Trendkanäle erlauben es, einen Trend zu erkennen und die Schwankungen der Kurse innerhalb des Trends entsprechend auszunutzen. Wichtig ist aber in diesem Set-up, einen Trend zu finden, der sich nicht nur fortsetzt, sondern verstärkt beziehungsweise abschwächt.

Die Börsen haben entsprechende Tools in ihrem Angebot, die es erlauben, einen Trendkanal in einen Chart einzuzeichnen. Dazu nimmt man sich zum Beispiel einen Wochenchart. Dort bestimmt man die zwei Hochs, die man verwenden möchte und die beiden Tiefs, und schon zeichnet der Chart den Trendkanal ein. Wer sichergehen will, kann einen doppelten Trendkanal verwenden und jeweils zwei Linien für die Hochs und zwei Linien für die Tiefs verwenden.

Für das Set-up mit einem Trendkanal gibt es wieder zwei Varianten. Die eine setzt auf eine Beschleunigung des Trends und die andere setzt auf das Gegenteil. Für beide Set-up-Varianten braucht man eine Aktie mit einem generellen Trend nach oben. Hat man eine entsprechende Aktie gefunden und den Trendkanal eingezeichnet, beginnt die eigentliche Arbeit.

Bei dem Set-up mit der Beschleunigung braucht man einen Kurs, der eine Beschleunigung erkennen lässt. Hierzu braucht man einen Kerzenchart. Die letzten beiden Tage sollten eine grüne oder weiße Kerze zeigen, also eine Kerze, die ansteigt. Dabei muss der Schlusskurs bei beiden Tagen infolge oberhalb des Trendkanals liegen. Jetzt kauft man diese Aktie.

Die Aktie hält man über die nächsten Tage und benutzt weiterhin den Trendkanal. Es gilt danach, Anzeichen zu finden, dass die Beschleunigung des Trends sich wieder abschwächt. Dazu schaut man nur, ob der Trendkanal, mit neuen Hochs und Tiefs gebildet, langsam flacher wird. Ist das der Fall, dann ist es Zeit, die Aktie wieder zu veräußern.

Das Set-up für die Verlangsamung des Trends folgt dem umgekehrten Prinzip. Man zeichnet einen Trendkanal und sucht nach zwei Tageskerzen hintereinander, die unterhalb des Kanals liegen. Dann wird es Zeit, zu kaufen. Nun wartet man darauf, dass der Trend wieder an Geschwindigkeit zunimmt. Man hält die Aktie, bis der Trend sich nach der Geschwindigkeitszunahme erneut abschwächt. Dann verkauft man die Aktie.

Die Variante mit der Abschwächung des Trends verspricht einen größeren Gewinn über einen längeren Zeitraum. Sie birgt aber auch die Gefahr, dass die Abschwächung nicht vorübergehend ist, sondern eine generelle Trendwende darstellt. Die Variante mit der Beschleunigung braucht nur eine kürzere Zeit, bringt aber auch etwas weniger.

So geht es

Eine Menge Informationen wurden hier gegeben. Nun ist es Zeit, sie zu verarbeiten und sich zu entscheiden. Die erste Entscheidung ist, ob man wirklich mit Aktien, Wertpapieren und Währungen handeln möchte. Das ist eine einfache Risiko- gegen Gewinnabwägung.

Ist die Abwägung für den Handel mit Aktien ausgefallen, dann kommt die nächste Entscheidung dafür, ob man die Aktien kurz-, mittel- oder langfristig Handeln möchte. Langfristig birgt das geringste Risiko. Die Profite sind gut, aber nicht überragend. Mittelfristig, bringt gute Gewinne bei einem mäßigen Risiko. Der kurzfristige Handel bringt die besten Profite, aber auch das höchste Risiko.

Wer das Risiko kleinhalten möchte und einfach nur hin und wieder etwas mit Aktien handelt, der braucht kein Onlinedepot. Es ist natürlich eine Option, ein Depot bei der Hausbank mit Beratung ist aber auch keine schlechte Wahl.

Für kurz- und mittelfristige Trader gibt es dagegen nur das Onlinedepot. Dieses ist kostenlos und man kann ständig Kauf- und Verkaufsaufträge erteilen.

Bevor man jedoch sein richtiges Depot eröffnet, empfiehlt es sich vor allem für Trader mit dem Ziel des kurz- und mittelfristigen Handels ihre Fähigkeiten mit einem Musterdepot zu testen und zu trainieren. Nur wenn es dort einen Erfolg gibt, kann man es mit echtem Geld versuchen.

Wenn es an das echte Geld geht, dann heißt es erst einmal, langsam und vorsichtig anzufangen. Auch wenn der Handel mit dem Musterdepot so erfolgreich war, hat sich etwas verändert. In einem Musterdepot ist es leicht, die richtigen Entscheidungen zu fällen. Man verliert schließlich kein Geld, wenn man einen Fehler macht. Mit echtem Geld dagegen wird man schnell nervös. Daher sollte man wirklich überlegt und langsam vorgehen. Dann behält der Verstand die Oberhand.

Rollen die ersten Gewinne, dann ist es noch nicht Zeit, den Tagesjob aufzugeben. Stattdessen sollte man mit den Gewinnen weiter handeln, bis man ein Basisvermögen aufgebaut hat. Bis dahin gewinnt man Erfahrungen. Dann, wenn das finanzielle Kissen aufgebaut ist, kann man daran denken, den Job an den Nagel zu hängen.

Vor allem als Daytrader braucht man viel Zeit. Man braucht Zeit, um sich in die Materie hineinzufinden. Man braucht Zeit, um ein Meister zu werden. Man braucht aber auch täglich Zeit, um die Aktienkurse auszuwerten und die wirklich vielversprechenden Aktien zu finden. Als Daytrader fängt man nicht an, man wächst in diese Rolle hinein. Wem diese Rolle liegt, der kann sich dann nach der Aufgabe des Jobs darauf konzentrieren.

Gerade an den Daytrader werden jedoch viele Erwartungen gestellt, die einfach nichts mit der Realität zu tun haben. Daytrading ist hart. Es ist hart, weil man jeden Tag Stunden damit zubringen wird. Es ist hart, weil man jeden Tag damit sein eigenes Geld riskiert. Es ist hart, weil man nie weiß, wie viel davon am Ende des Monats als Gewinn zur Verfügung steht. Daytrading ist die Kunst der vielen, kleinen Gewinne. Man kann nicht einfach jeden Tag nur ein wenig traden.

Selbst das Scalping, das ja eigentlich nur 16 Minuten dauert, reicht nicht aus. Es kann Profite bringen, aber es wird nicht genug sein, um einen Job zu ersetzen.

Trading ist auch die Kunst, das Risiko zu minimieren. Man wird verlieren, das ist dem Trading inhärent. Man muss nur die Kunst beherrschen, öfters zu gewinnen, als zu verlieren. Auch damit muss man klarkommen. Man wird verlieren. Das gehört dazu. Man muss den Verlust verkraften und daraus lernen. Am Ende steht dann vielleicht die Belohnung mit dem Hauptberuf als Trader oder noch besser, als Daytrader.

www.ingramcontent.com/pod-product-compliance
Lightning Source LLC
Chambersburg PA
CBHW050014230526
45470CB00003B/967